DRESSAGE ET MENAGE

DE COMMINGES

DESSINS DE CRAFTY

LIBRAIRIE PLON

DRESSAGE ET MENAGE

PARIS. TYP. E. PLON, NOURRIT ET Cie, 8, RUE GARANCIÈRE. — 2326.

Cte DE COMMINGES

Capitaine au 15e chasseurs

DRESSAGE

ET

MENAGE

DESSINS DE CRAFTY

PARIS

LIBRAIRIE PLON

E. PLON, NOURRIT ET Cie, IMPRIMEURS-ÉDITEURS

RUE GARANCIÈRE, 10

1897

TABLE DES MATIÈRES

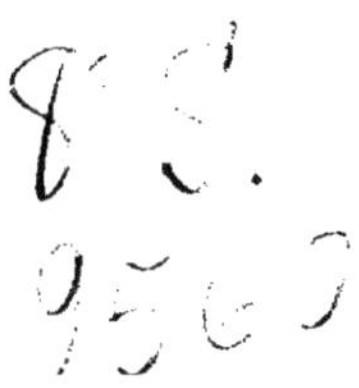

CHAPITRE IV

CHAPITRE V

CHAPITRE VI

CHAPITRE VII

PRINCIPES DE MENAGE A UN CHEVAL.

CHAPITRE VIII

CHAPITRE IX

HISTORIQUE DE LA CARROSSERIE FRANÇAISE.

CHAPITRE X

CHAPITRE XI

PRÉFACE

Je ne me suis occupé, dans les pages qui vont suivre, que du dressage à la voiture du jeune cheval complètement neuf, ou du cheval fait, mais n'ayant jamais été attelé.

Trop souvent j'ai été à même de voir des essais d'attelage imprudents et souvent infructueux, tentés avec des chevaux de selle, d'escadron, ou de réforme.

La plupart des manuels spéciaux ne nous entretiennent que du menage proprement dit. Le meilleur de ces ouvrages est, sans conteste, celui du comte de Montigny. Aussi lui ai-je fait beaucoup d'emprunts, principalement dans sa partie technique.

Quant au dressage du jeune cheval à la voiture, je me suis inspiré, pour en poser des règles sages et pratiques, de ce que j'ai vu faire par les spécialistes des écoles de dressage de Séez, de Limoges, du Dorat, etc.

J'ai également beaucoup appris chez les éleveurs normands et les marchands de chevaux.

Les nombreuses écoles que j'ai faites me permettent d'assurer à mes lecteurs, débutants dans « l'art du menage », — c'est pour eux seuls que j'écris, — qu'ils auront tout à gagner en suivant une sage et lente progression. Je l'indique dans cet ouvrage, en m'appuyant sur l'autorité de maîtres en la matière, le marquis de Mauléon, par exemple, et je cite souvent les conseils de la vieille expérience de cet excellent coachman Howlett.

J'ai laissé de côté (sauf pour l'entretien des harnais et des voitures) tout ce qui regarde, à proprement parler, le cocher.

Je ne veux m'occuper ici que du cheval de sang, de la voiture de maître et surtout de la voiture à deux roues.

Je ne m'adresse jamais qu'au « maître », partant de ce principe qu'il faut, toujours et partout, être plus « savant » que nos serviteurs, si nous ne voulons pas, tout en payant quelquefois très cher, être très mal servis.

COMMINGES.

1897.

P. S. — Les divers modèles de voitures et de harnais insérés au cours de cet ouvrage sont dus à l'obligeante communication de MM. Guiet et Cie, carrossiers, et de M. Meyer, sellier franco-américain.

BIBLIOGRAPHIE

Leçons de guides, par E. HOWLETT.

Le cheval et son cavalier, par le comte DE LAGONDIE.

Le parfait cocher, édition de 1744.

Le nouveau manuel du cocher, par E. COURT, cocher.

Vingt jours de route, par NARRATIUS VIATOR, 1830.

« *Driving* », par le duc DE BEAUFORT.

Le cheval dans ses rapports avec l'économie rurale, par E. LAVALARD.

La Carrosserie française.

Le Guide du carrossier.

Coaching Days, etc., par W. OUTRAM TRISTRAM.

Le livre du cheval, par S. SIDNEY.

Équitation, par LENOBLE DU TEIL.

Das buch vom Pferde, par le comte WRANGEL.

Économie rurale, par John STEWART, 1860.

Méthode de dressage, par le marquis DE MAULÉON.

Guide des cochers, piqueurs et palefreniers, par le comte DE MONTIGNY.

Etc., etc.

AVANT-PROPOS

LE CHEVAL DE VOITURE : SON ACHAT. — LE COCHER.

Tout cheval de selle bien conformé, ayant de l'encolure, du rein, de la poitrine, des hanches, des membres et du port de queue, doit être un cheval de voiture. Ce n'est pas parce qu'un cheval est long, ensellé, avec des jambes en manche de veste, qu'il faille décider qu'il sera excellent à l'attelage.

J'ai pourtant vu de riches banquiers rechercher les dos plongés et les reins longs. Ils trouvent cela plus élégant au harnais ! Qui de nous n'a remarqué un grand phaéton, attelé d'un unique cheval, bai ces dernières années, — alezan aujourd'hui, — couvert d'un riche harnais, trottant jusqu'au mors, — on croirait qu'il passage, — enrêné comme un cheval de cirque, gros, lourd, pataud, de la conformation la plus défectueuse qu'on puisse imaginer ?... Eh bien ! cet ignoble animal est le type rêvé du cheval de voiture... par ceux qui n'y connaissent rien. Laissons-le-

leur. Il faut bien que cet élevage artificiel de Normandie, — où on s'ingénie à faire commun, parce que « ça se vend », — il faut bien que cet élevage ait des débouchés. Soyons heureux cependant de ne le voir jamais dépasser la ligne de démarcation entre les gens antisport et les gentlemen qui aiment le cheval, savent l'acheter, le monter et le conduire eux-mêmes.

C'est un préjugé cependant très répandu, même dans les petites écuries, de partager ses chevaux en deux catégories : chevaux de selle et chevaux de voiture. A moins que vous n'employiez vos carrossiers, comme dit M. de Lagoudie, qu'à des promenades au parc ou au stationnement devant les magasins du boulevard, cette classification est inutile. Le choix, fait par beaucoup, de gros chevaux pour le service de voiture vient généralement — outre du mauvais goût personnel — de cette erreur : qu'une paire de chevaux de taille et de corpulence moyennes est incapable de tirer un coupé ou une victoria. Mettez-vous quatre, six, dans une de ces voitures, et je vous assure qu'une paire de bons poneys de 1m,50 ont bien la force suffisante de la traîner sans beaucoup plus de travail que si elle roulait à vide. Non que je sois l'ennemi des grands chevaux ; mais il faut se souvenir que la difficulté de trouver un cheval parfait, au-dessus de 1m,60, croit rapidement avec la taille que l'on veut y mettre.

Pour un homme qui aime à prendre les guides, il n'y a pas de plaisir plus grand que de conduire des chevaux très près du sang. Les pur sang — et on en trouve qui ont de superbes allures au trot — sont d'excellents chevaux de voiture. Ces sortes de chevaux, attelés jeunes, se développent très rapidement, et, sans leur queue laissée longue, on les prendrait pour quelques vigoureux demi-sang, aptes à chasser en terrain difficile et à galoper par-dessus les obstacles.

Nous avons en France des chevaux excellents et qui se rapprochent de ce modèle : ce sont les chevaux du Midi et du Limousin. Beaucoup s'imaginent que ces chevaux sont petits, efflanqués, avec des allures de cheval arabe. Allez aux concours de Bordeaux, de Limoges, ou aux différents comices et foires d'Auch, de Tarbes ou de Toulouse, et vous y verrez des animaux souvent de $1^{m},60$, pleins de noblesse et de sang, au modèle d'irlandais légers, avec, en plus, une tête ravissante. Quelques éleveurs normands introduisent dans leurs chevaux de trot beaucoup de sang anglais pur. Là aussi vous rencontrerez le cheval idéal, à conformation parfaite, aux allures brillantes et utiles.

Des chevaux très amusants et très pratiques, lorsqu'on possède une voiture proportionnée à leur taille, sont les poneys. J'entends par poney tout cheval de $1^{m},52$ et au-dessous, mais surtout le cheval de $1^{m},50$.

Ils peuvent tirer, en marchant vite, des charges très lourdes, car ils ne sont pas fatigués par leur propre poids. Lorsqu'ils viennent d'un bon pays d'élevage (pas de Galicie, par exemple), ils sont sûrs, endurants, rustiques, avec une énergie extraordinaire. Ils ne reviennent pas cependant bien meilleur marché, comme nourriture, que les grands chevaux. Ils mangeront, s'ils travaillent dur, presque autant d'avoine que les grands. Cependant, pour un petit service, leur ration peut tomber à un *minimum* que ne supporterait pas sans faiblir un cheval de taille plus élevée. Somme toute, l'économie réalisée avec des poneys vient surtout de ce qu'ils durent plus longtemps, vieillissent moins vite, se tarent plus rarement et ne sont pas facilement sujets à des maladies graves, telles que la fluxion de poitrine pour un simple refroidissement...

Il faut bien se mettre dans la tête que le cheval parfait, « ce monstre sans défauts que le monde n'a jamais vu », n'existe pas. Aussi, lorsque vous allez acheter un cheval, laissez de côté toutes les belles théories apprises dans les bouquins et les systèmes différents de « proportions ». Si vous n'avez pas la ligne dans l'œil et ce sentiment du cheval qui vous fait dire, rien qu'en en voyant un : « Cet animal est beau, il est bien fait, et il doit être bon ; ou il est mal fait, il y a des chances pour qu'il soit mauvais », rentrez chez vous et écrivez au marchand de vous envoyer un cheval dans telle et telle condition. Ce qu'il vous expédiera sera toujours moins laid et sans doute meilleur que ce que vous eussiez choisi vous-même. Préparez-vous à signer un fort chèque : surtout dans le monde hippique, l'ignorance se paye cher. Mais, en matière sportive, qui avouera jamais, même à soi-même, n'y rien connaître ? Au contraire, ce sont les plus ignorants qui sont les plus bavards, comme ce sont les demi-savants qui sont les plus vaniteux.

Et, s'il n'y trouvait son profit, quel marchand de chevaux ou quel gentleman ayant un cheval à vendre supporterait une minute les questions ridicules, les affirmations erronées, l'air suffisant et la méfiance affectée de la plupart des clients ?

Il est très difficile de bien acheter. Partez de ce principe que le marchand, qui vous présente un cheval, ne le connaît généralement pas plus que vous. Si vous êtes enrossé, ne dites pas : « J'ai eu affaire à un voleur ! » mais bien : « J'ai eu affaire à un maladroit comme moi », et allez chez un autre. Le marchand qui vous présente des chevaux neufs n'a souvent aucun intérêt à vous tromper. Il les a achetés par lots, à une foire, ou bien son agent les lui a réunis à tel endroit, pour une époque déterminée ; bien ou mal achetés, il faut qu'il les vende, et ce qui

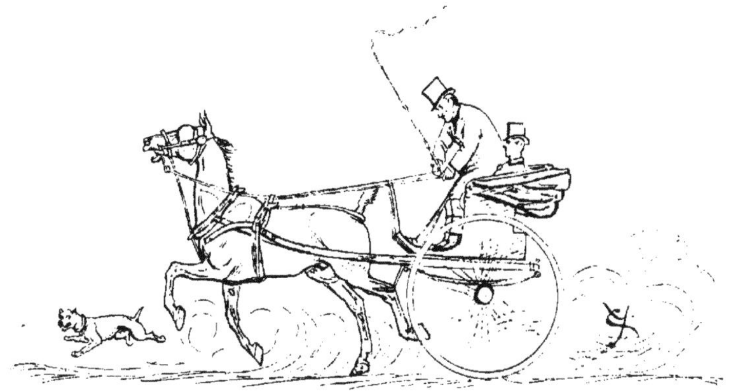

fait la vogue de certains bons marchands à Paris, c'est qu'ils ont des acheteurs excellents, non seulement courtiers, mais encore hommes de cheval de mérite.

Ce dont il faut se méfier le plus, c'est du « marchand de cheval ». Qu'il n'en ait qu'un ou une vingtaine à vendre, est « marchand de cheval » tout individu ramassant, dans les ventes publiques ou autre part, de beaux modèles réformés de bonnes écuries pour maladies, tares ou vices. Il les retape et vous les vend souvent très cher. Dieu vous garde de vous laisser prendre à leur bagout.

Mais, si vous avez la chance d'avoir parmi vos amis un de ces sportsmen bien connus, tels le marquis du B..., le baron L..., le comte P..., etc., qui annuellement vendent leur écurie, c'est encore chez eux que vous pourrez trouver le cheval que vous cherchez, et qui ait les plus grandes chances de pouvoir faire un bon service.

Son propriétaire l'a monté, attelé, depuis six mois, un an. On l'a vu sur tel cheval faire une saison de chasse, ou conduire en leader cette paire que vous convoitez. Vous êtes donc à peu près sûr d'être bien remonté dans ce que des malintentionnés appelleront, peut-être, un « cheval d'ami ». Il ne faut pourtant pas juger toujours l'honnêteté des autres sur la sienne propre, d'autant plus que le cheval, moteur animé, devient ce que le fait son propriétaire. Tel mécanicien abîme plus rapidement sa machine que tel autre. Il en est de même pour les sportsmen.

Le fond, en effet, a pour facteurs l'aptitude au genre de travail demandé, la vitesse et la durée de ce travail. En un mot, le fond est subordonné, écrivent plus simplement MM. Cuyer et Alix, à la façon dont on conduit le cheval.

Quand on destine un jeune cheval à un travail quelconque, on l'y prépare, pendant une certaine période, par un travail graduel et une nourriture appropriée. Cette période se nomme la période d'entraînement. Et elle existe — ou devrait exister — pour chaque cheval, depuis le poney destiné à votre petite fille et le cheval de labour, jusqu'au poulain de pur sang, futur gagnant du Grand Prix.

J'ai parlé de nourriture ; mais il ne faut pas croire que pousser un cheval sur sa nourriture constitue la plus grande partie de l'entraînement : c'est une idée de cocher, cela !... Bien au contraire, il faut proportionner l'avoine au travail demandé. L'exercice du cheval ira en augmentant en vitesse et en distance, en même temps que l'avoine ira également en augmentant litre par litre.

On peut atteler un jeune cheval de demi-sang vers trois ans et demi ; à condition de subir un entraînement progressif, comme vitesse, durée du travail, poids du véhicule, il pourra, à cinq ans, travailler comme un vieux cheval.

Le travail que peut fournir un vieux cheval à l'attelage est très supérieur à ce que croient la plupart des gens. Alors qu'on se servait d'une façon utile des chevaux de trait, et que le postier léger était en honneur, on savait, à quelques kilomètres près, ce qu'un cheval pouvait bien fournir par jour sans que ses jambes ou sa constitution en pâtissent. J'ai recherché quelles étaient les étapes journalières d'un cheval de diligence. Les voici : les voitures publiques de Glascow à Paisley étaient attelées de deux chevaux. Elles parcouraient leur demi-étape (13 kilomètres) en une heure. Les chevaux faisaient donc 26 kilomètres par jour. C'était là leur travail *minimum*, car plus d'un doublait l'étape le jour où il y avait beaucoup de monde. Dans ce cas, ils se reposaient un ou deux jours. Les jeunes chevaux ne faisaient que la demi-étape, qu'ils finissaient le lendemain. (STEWART, 1860.)

Sydney estime le travail moyen journalier que peut fournir une paire de chevaux attelés à un mail-phaéton, à 30 ou 32 kilomètres.

Mais, si le poids de la voiture augmente d'une façon anormale, la vitesse restant toujours la même, la durée du travail possible diminue beaucoup. Les chevaux d'omnibus ne peuvent guère parcourir plus de 16 à 17 kilomètres par jour, avec une vitesse moyenne de 9 à 12 kilomèmètres à l'heure, et une charge de 1,600 à 1,900 kilos, sans compter le poids des omnibus, qu'il faut ajouter. (LAVALARD.)

Ces mêmes chevaux pourraient, au contraire, travailler au pas 8 à 10 heures par jour.

D'où cette loi : la durée du travail est inverse de la vitesse déployée par l'animal.

Si la vitesse des anciennes malles-poste était de 12 kilomètres à l'heure, la vitesse des chevaux de roulage pour 30 kilomètres d'étape était de 4 kilomètres à l'heure.

Dans l'artillerie, la moyenne du poids à tirer oscille entre 291 à 366 kilos par cheval, et chacun connaît les longues étapes que cette arme d'élite est appelée à parcourir, ainsi que la foudroyante rapidité des mises en batterie, au triple galop, dans les terrains, et que nous admirons annuellement aux manœuvres.

Comme performances de vitesse, je citerai celle-ci, car la petite taille du sujet le met en dehors de la catégorie des chevaux de trot proprement dits : en 1889, M. Courrège, de Pau, avec un tarbais de $1^{m},48$ attelé à une charrette anglaise, a été de Tarbes à Pau (36 kilomètres) en 1 heure 40 minutes.

Je citerai, comme exemple de fond, le fait suivant : le comte Boson de Périgord, le baron et la baronne G. de La Motte, le comte M. du Moustier-Mérinville, M. de Moussac, ont fait, l'an dernier, le trajet d'Alger à Tunis, soit 1,150 kilomètres, en dix-huit journées de route, et parcouru une moyenne de 65 kilomètres par jour dans une région d'ordinaire très accidentée, et sur des routes tirantes. La plus longue étape a été de 88 kilomètres, et la plus courte de 22. Le véhicule était une lourde diligence qui, en plus des cinq maîtres, portait quatre domestiques, les bagages, la provision d'orge, le garde-manger et la cave.

La moyenne de la vitesse était de 8 kilomètres à l'heure; l'attelage était composé de neuf bêtes : trois mulets, quatre

chevaux barbes; deux autres chevaux étaient attelés en galériens comme renfort aux montées. Les chevaux mangeaient cinq kilogrammes d'orge par jour. Ces animaux sont arrivés à Tunis en parfait état et y furent vendus un prix très supérieur à celui de leur achat à Alger.

Ne craignez donc pas d'user de vos chevaux. Bien soignés, ils sont en fer; bien conduits, en acier, et je ne doute pas qu'ils le soient, puisqu'ils le seront par vous.

Mais si vous avez un cocher... ah! si vous avez un cocher, tout change!

Cet homme n'a généralement d'importance qu'en raison directe de votre ignorance et de votre confiance en lui.

Quatre-vingt-dix-neuf fois sur cent, cet homme est encore plus ignorant que vous, malgré sa routine, et surtout à cause de sa routine. Il gorgera vos chevaux de nourriture et ne sera satisfait que lorsqu'ils seront comme autant de porcs à la fin de l'engrais, ou il les laissera dépérir, et boira leur avoine. La plupart ne sont que des empiriques, ignorant non seulement les principes du dressage, mais encore ceux du menage, et, s'il y a si peu d'accidents, c'est que je crois qu'ils se méfient terriblement les uns des autres. Et si quelqu'un a un bon cocher, — cela se rencontre tout de même, — qu'il lui permette de faire beaucoup d'enfants. Ce sera une pépinière de bons cochers. Les gamins apprendront plus pendant leurs jeunes années, sous l'exemple et le fouet de leur papa, que ne le font la plupart des jeunes gens dans les écuries de course au trot, et au régiment dans le train ou l'artillerie.

Si vous avez à choisir entre deux hommes ayant également une médiocre habitude de l'attelage, prenez celui des deux qui sait monter à cheval.

Le parfait cocher, en 1744, disait : « Le défaut le plus commun des cochers est d'avoir la main plus ou moins dure ; en cela ils sont excusables, car ils ne savent pas monter à cheval. » Et il ajoute un peu naïvement : « Le sçavoir-faire et les bonnes qualités du cœur et de l'esprit sont (pour un cocher) à préférer à un extérieur séduisant, mais trompeur ! »

Quelque « perle » que soit votre cocher, ne l'emmenez

jamais avec vous choisir un cheval. C'est le mauvais qu'il choisira ou, du moins, celui sur lequel le marchand lui donnera la plus forte commission. Quelle aubaine pour un marchand lorsqu'il voit un monsieur cossu, suivi par un cocher encore plus cossu, franchir le seuil de son établissement! Et quelle joie pour le spectateur désintéressé de voir ce mâtin de cocher — ignorant comme une carpe, gonflé de suffisance — venir tâter un tendon, pincer un rein — ils ne ratent jamais ce geste-là ! — Sûrement le diagnostic qu'il a au bout des doigts dépendra beaucoup du graissage de la patte. Un coup d'œil, quelques brèves paroles derrière la porte, et le cheval est déclaré excellent, à tel prix majoré de deux cent cinquante francs, qui passent dans la poche de votre « perle ».

D'autre part, si, au lieu d'emmener votre « perle », vous avez acheté le cheval seul ou avec l'aide d'un vétérinaire intelligent (qui touchera bien aussi une petite commission si l'affaire réussit, — affaire, cependant, rarement conseillée contre sa conscience), lorsque le cheval arrivera à la maison, votre cocher le déclarera boiteux, rétif ou méchant. Que faire, alors ? C'est bien simple : apprendre à acheter, à conduire, à se servir des chevaux sans l'aide de votre cocher et malgré lui. Il faut que ce soit vous le « patron », non seulement parce que vous payez, mais parce que vous savez. Si vous n'êtes pas assez fortuné pour vous payer un des premiers bons cochers de Paris, c'est à vous de former le vôtre, je parle au point de vue sport; car, soit le premier cocher de fiacre venu, soit une automobile, pourront vous servir bien plus facilement à aller d'un point à un autre qu'un ou deux chevaux. Pourvu que l'un ne soit pas trop ivrogne et que les pneus de l'autre ne crèvent pas en route, vous arriverez certainement où vous voulez aller...

La morale de ce trop long chapitre est qu'il ne faut être l'esclave ni de ses chevaux, ni surtout de son cocher!

CHAPITRE PREMIER

Le débourrage du jeune cheval. — Méthode usuelle.
Méthode du marquis de Mauléon.

Un homme qui monte convenablement à cheval, qui possède le tact équestre secondé par une bonne main, conduira certainement bien, une fois sur le siège, et mènera à bonne fin le dressage d'un cheval dans les brancards.

L'équitation et l'attelage ont de nombreux points communs. Ce n'est qu'exceptionnellement, et par une longue pratique, qu'un homme mauvais sur sa selle peut devenir bon sur le siège, surtout s'il doit dresser un cheval ardent et près du sang, tel que celui dont nous nous occuperons ici.

Il est, en effet, nécessaire d'habituer successivement l'animal à l'homme, au harnais, à la résistance de la traction et aux différentes indications données par les aides : les guides et le fouet.

Ce qui nécessite avec le cheval monté un dressage assez compliqué en se servant de l'accord des aides du cavalier, il faut l'obtenir avec des moyens beaucoup plus restreints à la voiture.

On comprendra donc facilement qu'une sage et lente progression s'impose.

Un cheval « raté » une première fois sera très long à « remettre », s'il ne devient pas — en mettant les choses au pire — complètement impropre au service qu'on attendait de lui.

Dieu vous garde, si vous n'êtes pas capable de dresser votre cheval vous-même, de tomber dans les mains d'un empirique.

« Ce n'est pas sans motif, dit Lenoble du Teil, que je parle de l'empirique à propos du dressage, car, malheureusement et trop souvent, les pauvres chevaux sont soumis à des pratiques bien ineptes, dont l'origine ne peut se retrouver qu'au fond de l'ignorance, qui est le propre d'un trop grand nombre d'hommes s'occupant de chevaux !

Pour celui-ci, dresser, c'est dompter, c'est abrutir l'animal de coups et de fatigue ; pour celui-là, c'est adapter à un cheval, qu'il a la prétention de dresser, tel procédé qui a réussi avec un autre cheval, sans se préoccuper des conditions différentes dans lesquelles pouvaient se trouver les deux sujets...

Une autre pratique tout à fait empirique consiste à se servir du maître d'école ou moniteur pour dresser des chevaux tout à fait neufs. C'est là qu'il faut un maître d'école bien spécial comme caractère, comme franchise, comme froideur et comme force. Bon gré, mal gré, l'écolier doit obéir ; le moniteur, s'occupant peu de ce qui se passe à côté de lui, emmène tout, voiture et camarade. Il tourne à droite, il tourne à gauche; l'autre est forcé de suivre, à moins qu'il ne se couche, et encore est-il traîné sur le sol, où il s'écorche et se tare.

Si le jeune cheval n'est pas trop nerveux ou impressionnable, il finit par se soumettre et suivre son voisin. Comme cela réussit souvent avec les chevaux pas trop malfaisants, entre les mains d'un dresseur adroit, on en conclut que le moyen est infaillible, et il est très en vogue chez les hommes qui, par métier, sont obligés de présenter, attelés en paire, des chevaux qu'ils n'ont pas le loisir de préparer plus longuement. En tout cas, le moyen serait-il rationnel, on n'a pas toujours un maître d'école convenable à sa disposition, et il est bon de savoir faire autrement. »

Nous supposons donc avoir un cheval « neuf » à atteler. Je parle ici du cheval jeune et qui n'a jamais « porté que des mouches sur le dos ».

Car, si vous venez d'acheter, sans savoir s'il s'attelle, un cheval d'âge, il est facile de s'en rendre compte de suite, rien qu'à la façon dont, monté, il obéit à la traction de la rêne directe, ou dont, à l'écurie, il enfile sa tête, de bonne humeur, dans le collier. Ce cheval-là s'attellera sûrement et n'aura besoin que de quelques sorties à la voiture pour reprendre son métier de vieux routier.

Nous supposons encore n'avoir qu'une voiture à deux roues, par conséquent ni maître d'école ni break de dressage, dont l'emploi est si bien qualifié d'empirique par M. Lenoble du Teil.

Surtout ne dites pas : « Je vais essayer mon cheval à la

voiture ! » mais bien : « Je vais *préparer* mon cheval à supporter le dressage de la voiture. »

Qu'arrive-t-il ordinairement ? Le propriétaire du cheval le fait garnir, le met dans les brancards, prend les guides et monte sur le siège, le fouet à la main.

Jusque-là le cheval, étonné, inquiet, la queue basse, n'a pas bougé. Le gentleman fait un appel de langue, touche légèrement : le cheval bouge encore moins ! Puis, vivement attaqué, l'animal bondit, s'arrête, se défend et, bien qu'il ait un homme à la tête, un autre à chaque flanc, et que deux solides gaillards poussent à la roue, il s'accule, secoue la tête, tourne son encolure, bondit pour s'arrêter de nouveau et finit par se coucher sur l'un des brancards jusqu'à ce qu'il tombe par terre. On le relève, le dételle, et on déclare gravement que ce cheval est inattelable.

Je connais même des gens — je ne puis les qualifier autrement que courageux — qui font ce premier essai sur une voiture à quatre roues ! Dans ce cas, l'accident demandé est vite arrivé.

Tout cela n'aurait certainement pas eu lieu si l'on avait suivi la progression suivante :

PROGRESSION DE DÉBOURRAGE

PREMIÈRE PÉRIODE.

Pendant cette première période, considérer le cheval comme seulement destiné à la selle.

1° Dressage à l'écurie ;

2° Travail à la longe ;
3° Dressage sommaire du cheval monté.

DEUXIÈME PÉRIODE.

On s'occupe maintenant du jeune cheval comme étant d'attelage.

1° L'habituer au harnais et à la traction sur le collier ;
2° Mise à la longe (système Mauléon).

TROISIÈME PÉRIODE.

La troisième période sera celle du dressage proprement dit au tilbury de dressage, ou simplement à la charrette anglaise.

PREMIÈRE PÉRIODE.

Dressage du cheval considéré comme cheval de selle.

1° **Dressage à l'écurie.** — J'entends par là « fréquenter » le cheval à l'écurie, l'habituer à déplacer les hanches à droite, à gauche, à reculer au mot : « En arrière ! » et à la traction sur le licol, à avancer à l'appel de langue.

Bien entendu, le jeune cheval a dû se laisser aborder, caresser, « tripoter » ; il supporte la couverture et le surfaix, il se laisse bridonner et lever la queue, etc.

2° **Travail à la longe**. — Ce travail a pour but d'assouplir le cheval, de lui donner le « respect de l'homme », de lui faire comprendre que ce dernier est plus fort que lui, de développer ses allures à l'une et à l'autre main.

Le cheval bien dressé s'arrêtera, repartira, allongera l'allure à la simple indication de la voix ; en un mot, *il obéira*.

Mais ne croyez pas chose facile que de se servir du caveçon, de la longe et de la chambrière.

Plus d'un qui devrait, par métier, en connaître le maniement, s'en sert en dépit du bon sens, généralement toujours trop brutalement, ou, du moins, avec des exigences auxquelles une progression trop hâtive, ou pas de progression du tout, ne permet pas au cheval de répondre.

On l'a dit avec vérité : « Le travail à la longe est un rasoir entre les mains d'un singe. »

Lisez donc, si vous n'êtes pas un habitué de ce système, l'excellent livre écrit sur la matière par le comte R. de Gontaut-Biron.

3° **Dressage sommaire du cheval monté.** — Procédez selon votre méthode favorite. Vous êtes convaincu d'avoir la bonne. Soyez persuadé que, si vous l'appliquez avec grand soin, sans hâte, sans brusquerie ni timidité, votre méthode, fût-elle médiocre, sera encore meilleure que telle autre consacrée par de grands pontifes, mais négligemment employée.

Travaillez les allongements et ralentissements d'allure, en desserrant ou serrant les doigts, l'arrêt progressif, le reculer.

Passez ensuite au travail des deux pistes, dont les effets vous seront utiles pour le croisement des jambes nécessaire aux tourners de pied ferme.

Comme flexions, ne pratiquez que les flexions de mâchoire, la tête haute, pour que votre cheval, une fois dans les brancards, ne tourne pas complètement la tête vers vous en continuant à marcher droit, lorsque vous lui demanderez un tourner ou que vous voudrez le ranger le long d'un trottoir.

Relevez-lui l'encolure ; ne le laissez pas s'enterrer, afin de n'être pas obligé de lui mettre plus tard un enrênement quelconque.

Habituez-le aux bruits de la rue, à dépasser les voitures

sans s'exciter, à rester absolument tranquille, une fois arrêté.

DEUXIÈME PÉRIODE.

Le cheval dressé à la selle reçoit les leçons préparatoires à l'attelage.

1° **L'habituer au harnais et à la traction.** — La première fois que l'on garnit un jeune cheval, on lui met d'abord un licol en sangle muni d'une longe en corde.

Puis l'animal est sorti de l'écurie et mené dans un endroit où il ne puisse se blesser si, par hasard, il bondissait.

On le garnit ensuite, comme il sera dit au chapitre spécial, avec beaucoup de précaution et de caresses.

Les pièces de harnais à employer sont la bride avec mors, sellette, croupière, barre de fesse, collier avec traits (reculement, si on veut).

Le cheval est alors promené en main, au pas et au trot, l'homme le tenant par la longe du licol.

Il est plus vite habitué qu'on ne croit généralement à la croupière, à condition qu'elle ne soit pas trop serrée.

On peut ensuite passer à la leçon suivante : accrochez les traits au collier, prolongez-les par deux fortes cordes à chacune desquelles vous attellerez un homme. Ces hommes accompagneront le cheval en marche, sans tirer d'abord, les traits mi-tendus.

Puis ils accentueront leur traction jusqu'à ce que le cheval donne bien dans le collier. Arrêtez, caressez.

Vous pourrez ensuite essayer la traction sur le départ.

C'est là que se produira la première défense.

Si elle a lieu, diminuez la traction sur le départ et recommencez plusieurs fois. Le cheval, en confiance, aura perdu toute appréhension et marchera droit devant lui, en partant de l'arrêt et en se mettant bien dans les traits.

Vous pourrez alors lui apprendre à tourner de pied ferme. Mettez-lui de longues guides que vous fixerez de préférence à un mors de filet : le poids des rênes seul rend la main dure.

Mettez ensuite votre élève en marche et demandez le tourner à gauche, par exemple, en recommandant aux hommes des traits de s'arrêter ou de marcher à tout petits pas, les traits bien tendus. Ils seront le pivot de la conversion qu'exécutera le cheval. Faites seulement un quart de tour, puis marchez droit.

Recommencez à l'autre main, en augmentant peu à peu vos exigences.

Pour peu que le cheval se tracasse, s'embrouille, recule, redemandez-lui une marche sage en avant.

Rentrez-le ; le lendemain, ce tourner qu'il ne comprenait pas, il vous le donnera beaucoup mieux, comme s'il y avait gravement réfléchi pendant la nuit.

2° **Mise à la longe et surfaix** (système du marquis de Mauléon). — Pour les exercices précédents, beaucoup de travail et de tâtonnements sont supprimés, si vous vous servez du *Travail entre les guides,* du marquis de Mauléon.

On lira ci-dessous un abrégé de sa méthode.

On la trouvera complète dans la brochure éditée à Toulouse, chez Dourladoure-Privat, 39, rue Saint-Rome, et sous ce titre : **Méthode de dressage,** par le marquis de Mauléon.

Travail entre les guides, du marquis de Mauléon. (Résumé.)

Harnachement. — Un bridon monté avec un filet simple, sans rênes. Un surfaix, auquel sont cousus deux anneaux à hauteur de la pointe de l'épaule du cheval. Un collier avec ses attelles. Deux longes de caveçon liées à l'une de leurs extrémités et mesurant ensemble 15 à 16 mètres. Chacune des longes est bouclée à un anneau du filet, comme des guides ordinaires, et passe par les clefs des attelles et du surfaix. L'extrémité en est tenue dans la main de l'instructeur, qui est à pied.

Progression. — 1° Porter le cheval en avant; se placer exactement derrière lui, les guides bien égales et demi-tendues.

Faire un appel de langue, suivi d'un léger coup de fouet.

Aussitôt le cheval en marche, lui donner un léger point d'appui sur le filet, sans l'arrêter.

Si le cheval résiste, se faire seconder par l'aide qu'on

aura amené sur le terrain (manège, cour, pré) et qui, au moyen d'une courte longe, déterminera le cheval en avant.

Suivre ainsi le cheval dans la ligne droite, puis passer en cercle à gauche.

2° Marcher en cercle à gauche.

Décrire d'abord un grand cercle que l'on rétrécira jus-

qu'à ce que le conducteur puisse rester au centre comme pivot, sans bouger. A cet effet, faire sentir l'effet de la guide gauche, en la raccourcissant proportionnellement au rayon du cercle à décrire.

Ne pas abandonner l'appui de la guide droite, afin de maintenir les hanches du cheval.

On fait ce mouvement au pas et au trot.

L'appui sur le filet doit être constant.

3° Arrêter ; augmenter progressivement et également la tension des deux guides, doucement, mais fermement, jusqu'à l'arrêt complet. Puis calmer le cheval et le caresser.

Éviter dans la suite d'arrêter le cheval en lui parlant. L'action des guides seule doit arriver à ce résultat.

Conserver un instant l'appui. Redresser le cheval, qui se sera certainemet traversé. Laisser les rênes s'allonger. Repos et détente d'encolure.

4° Marcher en cercle à droite.

5° Changer de cercle. Commencer d'abord par arrêter le cheval avant chaque changement de cercle.

Puis changer de cercle sans s'arrêter. A cet effet, le cheval étant en cercle à gauche, on raccourcira les deux guides de 0m,50, on étendra le bras de toute sa longueur pour saisir la guide droite le plus en avant possible; on abaissera complètement la guide gauche et on exercera sur la droite une pression suffisante pour faire exécuter au cheval un demi-tour sur les hanches en avançant.

Avoir soin de suivre un peu le cheval dans ce mouvement. Rajuster les rênes pour maintenir le cheval sur ce nouveau cercle.

Faire exécuter de nombreux changements de cercle.

6° Reculer doit être exécuté très correctement et sagement pour éviter le désordre et le cabrer.

Se placer exactement derrière le cheval, tendre les rênes, fixer les poignets et le corps, jusqu'à ce que le cheval ait reculé d'un pas. Rendre alors et repos.

Si le cheval résiste, faire reculer en rangeant alternativement les hanches, en tirant sur une rêne et en l'appuyant sur la cuisse du côté correspondant.

Éviter l'acculement en reportant souvent son cheval en avant.

7° Allonger et ralentir l'allure sur le cercle, en desserrant et en serrant les doigts. C'est par les allongements et ralentissements d'allure qu'on a les chevaux légers.

8° Exécuter des contre-changements de main sur le cercle.

Voilà le résumé de cette excellente méthode, qui donnera certainement à tous ceux qui s'en serviront la plus grande satisfaction.

Ne vous effrayez pas des demi-tours, ruades, cabrers et même des chutes qui pourraient se produire avec des chevaux entortillés dans leurs guides. Le cheval se corrige lui-même. On débrouille tranquillement le tout et or continue ; il est rare que le cheval recommence. En tou. cas, aussitôt qu'il comprendra sa faute, il s'arrêtera seul, par crainte d'une situation pire dont sa dernière chute (rare du reste) lui a révélé les inconvénients.

Cette méthode est remarquable comme résultats. Elle est également très bonne pour dresser le leader d'un tandem.

Mais, comme pour tout ce qui touche au cheval, il faut, dans son application, du sang-froid, de la patience et de l'à-propos.

CHAPITRE II

Dressage du cheval attelé. — Le tilbury. — Garnir. — Atteler. — Marcher. — Arrêter, demi-tour. — Reculer. — Remiser. — Progression dans les allures.

Par le débourrage, qui a fait l'objet du chapitre précédent, vous avez habitué le cheval à l'obéissance sous le harnais. Il reste maintenant à lui donner la même obéissance dans les brancards.

Atteler le jeune cheval. — Le cheval ayant été garni comme il est dit au chapitre spécial, on l'attelle tranquillement, en faisant le moins de bruit possible autour de lui.

Un homme à la tête le tiendra par la longe du licol en sangles qu'on aura laissé au cheval.

Avoir soin de baisser doucement les brancards sur les porte-brancards, que vous refermerez et bouclerez de suite. Fixez-les solidement, de façon que les brancards ne ballottent pas. Quand votre cheval sera confirmé, vous pourrez relâcher la dossière pour rechercher l'équilibre parfait.

La voiture, toujours à deux roues pour le dressage, sera d'autant meilleure qu'elle se rapprochera du tilbury des écoles de dressage, où l'on n'est pas trop loin de son cheval et dont l'extrémité des brancards forme une bonne courbe les empêchant de toucher, au tourner, l'épaule du cheval, tandis que leur écartement postérieur met sa croupe à l'abri de tout contact.

TILBURY DE DRESSAGE.

Attelez votre cheval court, mais veillez à ce que l'arrière-main ne puisse, en marchant, toucher le palonnier.

Fixez les traits et la barre de fesses, qui sera une forte et solide plate-longe. Veillez à ce qu'elle ne soit pas trop serrée.

Il est inutile, à moins qu'on ne soit en pays de fortes

côtes, de mettre d'avaloire, surtout pour les premières leçons, où la simplicité des moyens et du harnachement est une garantie de succès.

Votre cheval a été embouché d'un mors à branches courtes et à canons droits, un peu gros. Le mors normand dit *coup de poing* convient très bien. Les rênes ont été bouclées au banquet, la gourmette lâche. N'enrênez pas votre cheval.

On aura soin de placer la voiture dans la direction de la sortie sur un terrain plan, roulant ou légèrement en pente descendante.

Il faut aussi avoir un bon bout de ligne droite devant soi, sur une route pas trop étroite, pour ne pas être obligé de faire son premier tourner court.

Le cheval est donc attelé, l'aide le caresse et le calme, placé devant lui, le tenant simplement par le bout de longe du licol.

Le conducteur montera doucement sur le siège, après avoir pris les guides réunies dans la clef de la sellette. Il les ajustera sans tirer dessus.

A ce moment, l'aide s'effacera et se placera à la gauche du cheval.

Marcher. — Le conducteur portera le cheval en avant à l'appel de langue, et en rendant la main. Si le cheval part tranquillement, il faudra reprendre progressivement le contact avec la bouche.

Laissez le cheval partir au trot, mais maintenez-le à une allure modérée.

Alternez les temps de pas et de trot. Le premier jour, une leçon d'un quart d'heure suffit. Rappelez-vous cependant que le meilleur dressage se fait au pas. Il vaut mieux donner deux courtes leçons par jour, que de soumettre le cheval à une longue séance qui pourrait l'écœurer et lui froisser les épaules.

L'aide, pendant la première période de ce dressage, doit trotter à côté du brancard, à hauteur de l'épaule du cheval, et ne monter lestement dans la voiture que pour en descendre plus lestement encore à l'ordre : « A terre », donné par le conducteur.

Arrêter. — Une fois l'arrêt obtenu, faire une remise de main, rendre pour laisser le cheval baisser la tête en allongeant l'encolure, le faire caresser par l'aide.

Rester assez longtemps au repos et repartir doucement.

Demi-tour. — Prendre du champ pour tourner. Faire tourner le cheval du côté où il fait ce mouvement le plus volontiers. A gauche, par exemple : l'aide poussera au brancard du côté droit.

Le demi-tour exécuté, on reprendra la marche directe.

Il faut avoir soin de faire le premier demi-tour dans la

direction de l'écurie. On demandera le deuxième demi-tour du même côté, puis du côté opposé.

A la première leçon du demi-tour, on doit demander peu de demi-tours si le cheval s'énerve, mais il faut exiger qu'il fasse bien ces quatre changements de direction de pied ferme.

Si, sur la demande du demi-tour, le cheval n'obéit pas

de suite, on fera bien de lui faire faire deux ou trois pas en avant, car sa principale défense dans ce mouvement est, sur la traction de la rêne, de tourner la tête et de reculer.

Le cheval montre-t-il par trop de mauvaise volonté pour tourner, ne pas craindre de l'appuyer du fouet sur le flanc opposé ou sur l'épaule, d'une façon proportionnée à sa sensibilité.

Du simple appuyer de la monture du fouet, au vif coup de mèche envoyé en retirant le poignet, il y a toute une gamme qu'il n'est pas donné à tout le monde de parcourir avec à-propos.

Reculer. — La préparation à pied et à cheval aura appris le reculer à votre élève. Inutile de vous préoccuper outre mesure de cette partie du dressage.

Vous n'aurez, en rentrant à la maison, au bout de quelques jours seulement, qu'à lui demander chaque fois deux ou trois pas de reculer avant d'abandonner les guides et de dételer.

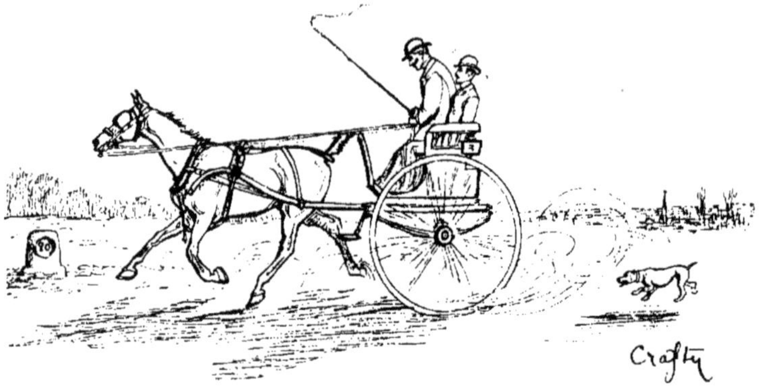

Ensuite, vous lui demanderez ce mouvement au cours de son service ou de son dressage.

C'est à la difficulté au reculer, ou bien, au contraire, à la défense consistant à reculer, sur la moindre pression de la main, que l'on reconnaîtra un cheval insuffisamment confirmé à la période du débourrage.

Remiser jusqu'à la retraite circulaire. — La retraite circulaire consiste à tourner en reculant sur un cercle plus ou moins étroit. Je ne signale ce mouvement que parce qu'il peut servir à reculer en tournant autour d'un point fixe, une borne, par exemple.

Louvoyer en reculant. — Mouvement qui consiste à reculer en arrière à droite quelques pas, puis à gauche et ainsi de suite. Cette retraite sert à se ranger en un point donné, lorsque la place pour tourner n'est pas suffisante.

Voilà donc quelle est la série, si simple sur le papier, des mouvements à faire exécuter à un jeune cheval.

Mais ce dressage n'est rien, n'existe pas, si en même temps que le dressage on n'a pas en vue son entraînement.

Aux premières séances, votre élève, qu'il se défende ou non, sera vite en nage.

Aussitôt qu'il sera calme, faites-lui faire des temps de trot plus allongés comme durée, et non comme allure, entremêlés de temps de pas plus ou moins longs.

Quand vous serez bien sûr de lui, conduisez-le en ville. Vous y trouverez, même dans les plus petites localités, une série de difficultés qui vous obligeront, sans y penser vous-même, à faire passer votre cheval par toutes les progressions de son dressage.

C'est pendant cette période que vous rechercherez quelle est l'embouchure qui lui convient le mieux pour qu'il conserve un beau port de tête avec une bouche légère.

Souvenez-vous seulement qu'il ne faut pas faire trotter vite un jeune cheval. S'il a quelques dispositions à allonger, il s'appuiera, comme un forcené, sur la main, se mettra sur les épaules et se détraquera.

Tandis qu'en le ralentissant, en ne « faisant pas la course » avec le garçon boucher de la ville voisine, vous conserverez à votre cheval le tride, le brillant du cheval de luxe; il engagera ses postérieurs, fortifiera son arrière-main, et, le jour, que vous retarderez le plus possible, où vous ouvrirez les doigts, vous verrez votre élève voler sur la route à larges foulées, avec ce beau temps de suspension caractéristique de la belle et puissante allure du trot.

CHAPITRE III

Défenses du cheval attelé seul. — Appréhension dans les brancards. — Le cheval se couche sur un brancard. — Il hésite à partir. — Il recule. — Difficulté à reculer. — Difficulté à tourner sur place. — Cheval appuyant en marchant vers la droite ou vers la gauche. — Immobilité du cheval. — Cheval difficile à atteler, — à dételer, — ruant — se cabrant — s'encapuchonnant — portant au vent. — Bouches dures — insensibles. — Muserolles. — Cheval portant au vent, — Martingales, rœring. — L'emballeur. — Le filet en ficelle sur le nez. — Mors Howlett. — Ajustage des mors. — Mors Swalès. — Barres à sensibilité inégale. — Chevaux qui forgent, buttent, etc. — Cheval peureux. — Résumé.

Appréhension excessive du cheval dans les brancards. — Le cheval impressionnable, naturellement peureux de caractère, chatouilleux, une fois attelé, tant qu'on ne lui demandera rien, restera tranquille, ou presque campé, ou bien les quatre pattes rassemblées sous son centre de gravité.

Au premier appel de langue, il bondira le plus souvent

dans le collier, puis s'arrêtera net. Si votre main a été un peu dure, à cause de la surprise, souvent le cheval se cabrera. Sa physionomie générale exprimera la peur, la surprise.

Profitez de sa stupeur pour le dételer de suite en le caressant, et le réatteler après l'avoir promené soit en main, soit en lui donnant la leçon du tirage artificiel au collier. Recommencez deux ou trois fois de suite la leçon

et contentez-vous de peu à cette première séance.

Le lendemain, avant de l'atteler, faites-lui faire un tour à la longe, ou mieux encore, montez-le.

Donnez-lui ensuite la leçon du collier ; mettez-le entre les brancards : il y aura certainement progrès.

Mais, si, au lieu de s'arrêter, votre cheval bondit en avant en faisant des sauts de mouton, tout va bien, laissez-le faire. Tâchez d'en modérer l'allure ; l'aide à pied, en tout cas, pourra vous y aider. Au bout de très peu de temps, le cheval se calmera. C'est la défense la moins grave : elle se fait dans le mouvement en avant.

Le cheval se couche sur un brancard, quelquefois jusqu'à tomber.

Dans ce cas, tâchez de le porter en avant dans n'importe quelle direction, sauf celle du demi-tour complet qui aurait lieu dans le sens de l'écurie, ce qui serait la pire des leçons.

Si vous n'êtes pas sur une place, ou dans un pré, et que la largeur de la route s'oppose à ce mouvement, arrêtez votre cheval. L'aide est utile dans ce cas ; de la voix et du geste, il calmera l'animal, le remettra droit. Essayez un nouveau départ. S'il ne réussit pas, agissez comme dans le cas précédent. (Appréhension du cheval dans les brancards.)

Le cheval hésite à partir, a peur de se mettre dans le collier. Demandez alors le départ sur un demi-à droite ou un demi-à gauche (1).

Le cheval recule au lieu d'avancer. Un cheval préparé par la méthode Mauléon ne recule jamais. Voyez si la sellette n'est pas trop serrée. Si non, faites arrêter le cheval par l'aide, laissez-le souffler et recommencez votre

(1) « Presque tous les Anglais font démarrer les chevaux avec le mors et non avec le collier, ce qui les empêche de partir surtout s'ils sont finement embouchés. J'embouche très finement mes chevaux, et cependant tous mes élèves, même les débutants, les font démarrer à la condition de leur donner suffisamment de guides.

« Beaucoup de cochers, n'ayant aucune idée de la sensibilité de la bouche d'un cheval, tirent dessus comme sur un cabestan. Quelques-uns même me disent : « Je suis très fort et peux conduire deux heures ; regardez mes bras ; je « fais des haltères, etc., etc. » Ce sont très souvent ceux-là qui se rendent les premiers. Ce n'est pas tant la force qu'il faut que la manière de s'en servir. Je citerai comme exemple un amateur qui me disait : « Quand il faut de la force physique, je puis asseoir mes quatre chevaux sur les jarrets. » Un jour où il aurait pu montrer sa force, il était tellement rendu que, si je n'avais pas été là pour prendre les guides, nous allions droit dans une rivière. J'avoue que l'un des chevaux tirait ; mais cet hercule se croyait si sûr de lui ! » (HOWLETT, *Leçons de guides.*)

départ en l'appuyant du fouet. Observez aussi si vous ne vous êtes pas, au moment du départ, emparé trop fort de la bouche de votre cheval; rendez-lui et partez les rênes lâches, l'aide conduisant les premiers pas de l'animal au moyen de la courte longe.

Difficulté de reculer. — Dans ce cas, recommencez la progression du débourrage, surtout à la selle. Un cheval qui ne recule pas à la voiture, presque toujours ne recule pas monté.

Avant d'en venir à cette extrémité, demandez le reculer attelé en divisant les appuis, rêne droite, puis rêne gauche, en portant, toutes les fois qu'il est nécessaire, le cheval en avant d'un demi-pas ou d'un pas, vous souvenant que l'acculement est souvent la cause de la difficulté à reculer.

Il faut avoir soin, dans la leçon du collier à pied, lorsqu'on demande le reculer, *de ne pas faire tirer sur les traits* à ce moment. Cela habituerait le cheval au recul sur la résistance du collier, et l'on aurait ensuite de la difficulté à le maintenir en place, à une montée par exemple, où, arrêté, il serait sollicité en arrière par le seul poids de la voiture.

La difficulté de reculer droit vient toujours ou de ce qu'une barre est plus sensible que l'autre, ou de ce que l'un des deux jarrets s'engage plus ou moins facilement sous le centre de gravité. Ce défaut sera corrigé en perfectionnant le dressage du tourner à droite ou à gauche.

La difficulté à tourner sur place. — Certains chevaux tournent plus facilement d'un côté que de l'autre; la plupart tournent plus facilement à droite. Cela vient de ce que c'est le côté habituel où on les présente au tourner, à l'armée, aux foires, aux comices agricoles, aux écoles de dressage. La règle n'est pas absolue : certains tournent beaucoup mieux à gauche; l'état des jarrets, des yeux, des barres, doit être vérifié pour en avoir la vraie raison.

Si votre cheval a été bien débourré, vous vous serez aperçu de cette anomalie et vous aurez travaillé votre élève pour la combattre.

Si le défaut persiste, faites les tourners nécessaires du côté facile et ne demandez comme école qu'un quart de tourner du côté opposé, puis un demi, etc. Vous arriverez facilement à un résultat satisfaisant. Assurez-vous si le bout du brancard n'entre pas dans l'épaule du cheval. Je répète qu'il faut que l'extrémité du brancard soit très incurvée.

Cheval appuyant en marchant vers la droite ou vers la gauche. — Ce vice vient presque toujours, comme le précédent, d'une différence de sensibilité des barres et se rencontre chez les chevaux portant au vent et cherchant par là à se soustraire à l'action de la main.

Ce défaut provient aussi de ce que, avec les chevaux à encolure molle, on ne soutient pas assez dans le tourner la rêne du dehors. La rêne du dedans, trop puissante, jette les hanches et le corps du côté opposé à celui vers lequel on veut tourner.

Mettez l'aide à pousser au brancard de ce côté-là, soutenez du fouet appuyé sur le flanc. Changez l'embouchure. Bouclez la rêne au banquet du côté trop sensible, et à l'anneau du milieu de l'autre côté. Ingéniez-vous à baisser la tête, soit avec une martingale à muserolle, soit avec une martingale à anneaux, soit encore au moyen du rœring, dont la description sera donnée au chapitre du harnachement.

Le mors Thouvenin, pour les chevaux à bouche extra-sensible, nous a donné toujours, à la voiture, des résultats de décontraction surprenants.

En tout cas, si, pendant la courte période du dressage à la selle, on s'était ingénié à corriger ce défaut, on serait certainement parvenu à le pallier dans une mesure permettant d'utiliser facilement le cheval à la voiture.

Il est rare que des chevaux encapuchonnés, c'est-à-dire recherchant l'appui du mors, se livrent à cette défense. Elle disparaît presque toujours, dans tous les cas, au cours du dressage.

Immobilité du cheval dans les brancards. — Ce vice, qui se manifeste soit au départ même, soit après un certain chemin parcouru, déconcerte beaucoup de débutants. J'ai entendu parler, à ce sujet, de fortes raclées, de feu sous le ventre, etc. On ajoutait généralement que rien n'y avait fait.

Avant de recommencer le débourrage, mal fait sans doute, sur le « marcher », « arrêter » et « repartir », cherchez à faire faire au cheval un quart d'à droite ou d'à gauche; profitez du lever des membres pour partir dans une direction quelconque, et souvent la difficulté sera très facilement vaincue sans employer de moyens empiriques.

Cheval difficile à atteler. — Peu de chevaux, s'ils ont été bien débourrés, reçoivent mal les brancards.

Si le cheval est simplement inquiet et se tracasse, essayez de lui donner à manger une poignée d'herbe ou de foin. Cela l'occupera assez pour qu'il se laisse atteler tranquillement.

Si la difficulté est plus grande, mettez un caveçon et servez-vous-en doucement, au besoin faites lever un pied et, les premières fois, faites pousser la voiture sur le cheval sans chercher à le faire reculer.

L'effet du gingembre fait souvent aussi rester les chevaux tranquilles quelques minutes; ils se campent et se laissent atteler sans bouger.

Cheval difficile à dételer. — J'ai vu des chevaux, parfaitement sages partout ailleurs, s'élancer hors des bran-

cards, à moitié dételés, casser en ruant la voiture qu'ils traînaient par un des bracelets de la sellette, etc.

Le vice est difficile à faire passer. Il provient presque toujours d'un accident ancien, survenu au moment où on faisait sortir l'animal des brancards. Dans ce cas, il faut agir avec les plus grandes précautions, avoir une dossière mobile, ou mieux des bracelets à charnière. Mettre un caveçon, lever un pied, calmer et occuper le cheval.

On peut aussi le dételer le nez au mur et faire reculer la voiture. Cette dernière précaution est utile avec les chevaux qui ont tendance à se sauver des brancards. On met un homme devant le cheval, un autre fera doucement reculer la voiture. Au bout de très peu de temps, le cheval le plus impressionnable sera tout à fait calmé.

Cheval ruant à la croupière ou au harnais. — Avec une barre de fesses, le défaut est peu dangereux pour le conducteur, mais le cheval peut se blesser les jarrets, etc. Un bon débourrage aurait dû l'habituer au harnais. Vous pouvez, pour compléter son éducation, lui laisser quelques jours une vieille croupière à l'écurie. A la voiture, serrez les doigts au moment de la ruade pour la prévenir et parlez-lui fortement. Ne le laissez pas s'arıêter et portez-le au contraire en avant.

Assurez-vous, lorsque ce défaut n'est pas habituel, si la croupière n'est pas trop courte, si le cheval n'est pas gêné par une touffe de poils, enfin s'il n'est pas blessé à la queue.

Les juments dites pisseuses et les chevaux rueurs avérés ne doivent pas être employés au trait. Ces sortes d'animaux sont toujours, un jour ou l'autre, cause d'accidents graves.

Cheval qui se cabre. — Avant tout, porter le cheval en avant, rendre tout, faire un appel de langue, etc.

Le cabrer est très bien empêché par le « rœring ». On aura dû, pour ce cheval, s'en servir au débourrage. On pourra sans inconvénient le remettre à l'attelage pendant quelque temps.

Il est indiqué aussi d'essayer plusieurs sortes de martingales. La plus rationnelle est celle qui ne touche pas au mors, c'est-à-dire la martingale fixée à la muserolle.

Si le cheval a une excessive sensibilité de bouche, mettez-lui un gros mors de filet en caoutchouc ou en cuir.

Cheval qui s'encapuchonne. — Changez l'embouchure. Mettez au cheval, au bout de quelques leçons, un enrênement américain très lâche, qui l'empêche de bourrer sur la main.

Soulevez-lui la tête par des actions alternatives sur chaque guide.

Son dressage en bonne voie, aussitôt que l'animal pourra le supporter sans difficulté, embouchez-le d'un enrênement de course au trot américain. Servez-vous comme mors d'un filet droit (non brisé) à quatre anneaux. Au bout de trois à quatre semaines, le port d'encolure sera changé et la position défectueuse sinon guérie, du moins considérablement modifiée.

ENRÊNEMENT AMÉRICAIN

Cheval portant au vent. — Cherchez l'embouchure qui lui convient le mieux; généralement mors à canon de caoutchouc, à gourmette lâche et large recouverte de cuir, branches moyennes, les guides bouclées au milieu.

Sous prétexte qu'il craint la main, ne laissez pas flotter les guides; au contraire, forcez le cheval à prendre l'appui, poussez-le sur la main de la voix et du fouet, alternez l'appui sur l'une et l'autre guide, sans les laisser s'allonger; ralentissez l'allure; si vous le pouvez, travaillez votre cheval sur le cercle et les changements de cercle ou de direction, et vous aurez vite mis votre cheval en main. Mais, pour cela, il faut savoir conduire, avoir « le tact », ne pas cesser une minute pendant de longs mois de « travailler son cheval. Le nombre de ces « fanatiques » est rare, sinon par paresse, du moins, hélas! par ignorance. Beaucoup, du reste, nous diront que ce défaut leur est égal pourvu que le cheval reste tranquille à l'arrêt et ne tape pas à l'écurie!

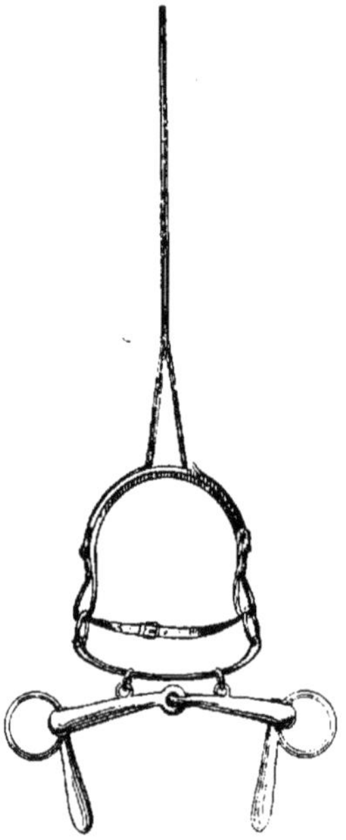

Bouches « insensibles », bouches dures. — Le défaut provient presque toujours d'un mauvais dressage. Presque tous les chevaux ont la bouche plus dure dans une certaine attitude de tête ou d'encolure. Mais plus souvent encore la dureté de la main du conducteur est la cause de ce défaut. On ne « joue » généralement pas assez avec la bouche de ces chevaux (1). A ceux qui tirent en ouvrant la bouche on peut mettre une large et plate muserolle assez serrée pour empêcher d'ouvrir les mâchoires.

Enrênement et mors agissant sur les barres supérieures et le nez pour chevaux à bouche dure.

La meilleure *muserolle* est faite d'une seule pièce. Un passant la fixe à un côté du porte-mors; de l'autre côté, elle joue librement dans le porte-mors, de façon à pouvoir être serrée à volonté. Sa place utile est au-dessus du mors.

(1) « Quand je mène, j'arrive à goûter avec ma main ce que je fais. Beaucoup de personnes ne savent pas quel plaisir il y a à toucher la bouche d'un cheval; elles croient qu'en donnant une secousse à droite ou à gauche il doit tourner. Quelques-unes font pis encore; elles donnent de grandes secousses avec les guides et déchirent la peau des barres; elles ne souffriraient pas la centième partie de ces secousses sur leurs gencives. Par ces mouvements brutaux, on crève la peau et on fait des plaies qui amènent des suppurations. Ces suppurations sont très

Il faut que la muserolle soit large : trop mince, elle couperait la peau du cheval et, en tout cas, elle deviendrait un instrument de supplice contre lequel, me disait un vieux cocher, le cheval se fâcherait. Certains la fixent, au contraire, sous le canon du mors, par une courroie à double boucleteau se rattachant à la muserolle ordinaire. Placée là cette courroie a plus de force.

Si le cheval tire en portant au vent, corrigez-le de ce défaut comme il est dit plus haut. Fixez-lui la tête avec une martingale.

Si, au contraire, il *tire en bas,* relevez-le avec une embouchure appropriée, ou l'enrênement américain.

Assouplissez-lui la bouche en ayant soin de lui maintenir l'encolure droite.

Ajustez votre gourmette convenablement. Voyez si,

longues à guérir et rendent le contact du mors extrêmement douloureux. Ceci arrive quand on s'emporte et parce que le cheval ne comprend pas votre idée. Vous blâmez le cheval, et c'est vous qui avez tort. » (HOWLETT, *Leçons de guides.*)

en la serrant d'un ou de deux points de plus, il tire moins. Le moyen, par exemple, ne sera efficace que peu de jours.

Surtout ne tombez pas dans l'erreur commune de « rendre et de reprendre ». Le cheval en profite pour repartir de plus belle, aussitôt que vous avez rendu, ou bien quand vous avez repris. Donc, ne tirez pas, divisez l'appui, serrez les doigts, fixez les poignets.

Enfin, si le cheval est véritablement *emballeur* et qu'il faille vous en servir, mettez-lui un mors ordinaire, et fixez-lui un filet en ficelles sur le nez. Vous l'arrêterez ainsi presque toujours. Mais je ne connais rien de plus désagréable que de conduire, ainsi harnaché, un cheval s'arrêtant parce qu'il ne peut plus respirer et se défendant tout le temps contre un engin qui comprime ses naseaux.

Tous les mors inventés contre les emballeurs sont des instruments aussi douloureux pour le cheval qu'inutiles.

Je donne ici, à titre de renseignement, l'avis de Howlett sur la façon d'emboucher et de conduire les chevaux, tout en faisant cette réserve que le mors dit « à gorge de pigeon » ne doit absolument être employé que lorsqu'on a épuisé tous les moyens de dressage et de « conciliation », car tout le monde n'a pas la main de ce merveilleux coachman :

« Pour mener, il faut savoir bien emboucher ses chevaux. Presque tout le monde a une manière à soi de le faire ; mais je dois dire ici qu'il n'y a pas de manière et que chaque cheval réclame une embouchure spéciale, laquelle, bonne avec l'un, sera détestable avec un autre.

« Il est indispensable de se servir du mors qui convient le mieux au cheval, mais il faut savoir le trouver et ensuite l'ajuster. Ainsi, un de mes clients, auquel j'avais prêté un mors excellent et qui était précisément celui qui embouchait le mieux son cheval tireur, vint un jour me trouver pour me dire que ce mors n'empêchait nullement le cheval de lui arracher les bras ; je vis que cela provenait non du mors, mais de la manière dont il était ajusté. Je le plaçai d'une façon convenable et, cinq minutes après, le propriétaire me disait : « Mais je ne reconnais plus mon « cheval, tellement il est léger à la main. »

« Je donne ici la forme de cet excellent mors... et la façon de s'en servir ! Il se compose essentiellement d'un mors droit ordi-

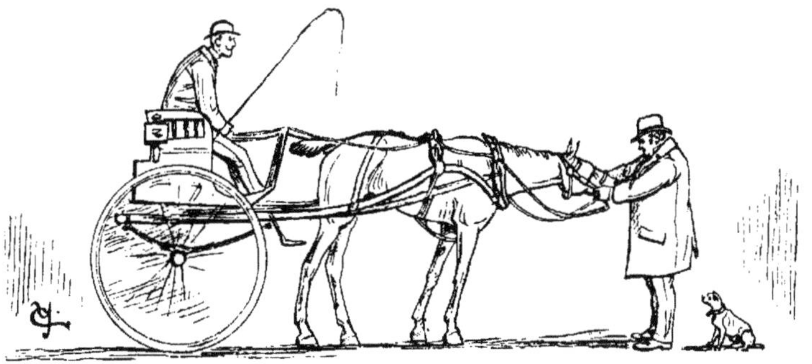

naire, avec un immense passage de langue de onze centimètres de hauteur, appelé gorge de pigeon.

« La majeure partie des chevaux que l'on achète à un certain âge, ayant habituellement été menés par de mauvais cochers, ont les barres absolument insensibilisées : il faut donc, pour les avoir légers à la main, trouver le moyen de faire porter le mors sur une surface vierge : mon mors, précisément, remplit le but cherché. »

Voici un autre moyen, préconisé par le même auteur, pour « tromper » le cheval qui tire :

« Vous décrochez la gourmette d'un côté, vous la passez autour de la muserolle et vous la raccrochez un peu serrée. De cette façon, elle porte sur une partie vierge, empêche le mors de jouer aussi facilement et rend le cheval plus souple.

« Je connais des gentlemen de toutes nations qui me disent que mes chevaux sont agréables à conduire et qu'ils sont bien embouchés, car j'ai souvent des chevaux coquins, ayant de mauvaises bouches ; mais je les ajuste de telle sorte que les dames peuvent les conduire. »

Combien Howlett à raison ! L'ajustage bien fait transforme un mors, que l'on croyait mauvais, en un mors excellent. Mais, à mon avis, le meilleur des mors de voiture (et de selle) pour les bouches fortes est bien le mors Swales, dont on trouve la description dans : *Le cheval, soins pratiques.*

Barres à sensibilité inégale. — Nous avons indiqué plus haut le moyen : boucler au banquet la guide du côté où le cheval est le plus sensible, c'est-à-dire du côté où il tourne la tête en marchant appuyé sur la main. De l'autre côté, au contraire, boucler plus bas.

Travailler le cheval sur les changements de cercle.

Chevaux qui forgent, se coupent, buttent, etc. — Voir, pour ces différents défauts : *Le cheval, soins pratiques,* du même auteur. Ne vous pressez pas d'accuser vos chevaux d'un vice de conformation ; une voiture trop lourde, le manque de condition, une main trop dure, des guides trop flottantes, une mauvaise conduite, en un mot, sont la cause de ces accidents, qui disparaîtront aussitôt que votre cheval sera passé en de meilleures mains, ou que vous aurez corrigé votre ignorance ou votre maladresse (1).

Cheval peureux. — Le cheval, bien dans le mouvement en avant, passera tout de même auprès de l'objet

(1) Voir ci-contre la planche concernant les guêtres protégeant les jambes des chevaux.

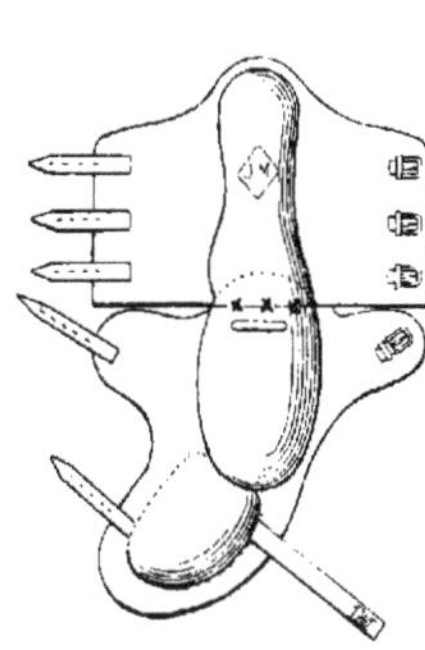

Guêtre de canon, boulet, paturon.

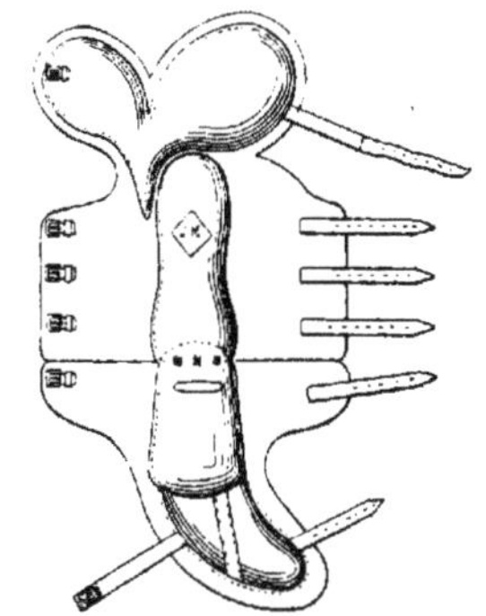

Guêtre de jarret, tendon, boulet, paturon.

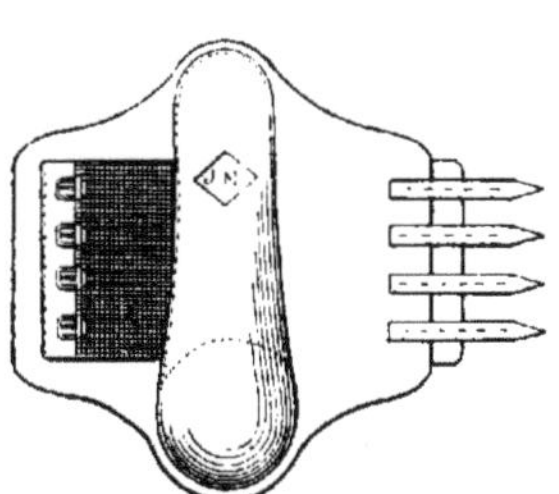

Guêtre de tendon et de boulet.

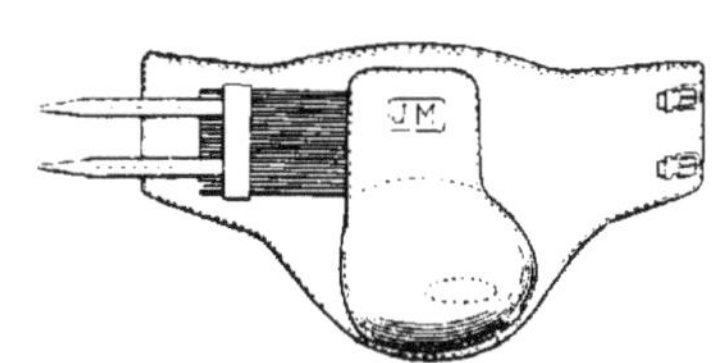

Guêtre de boulet postérieur.

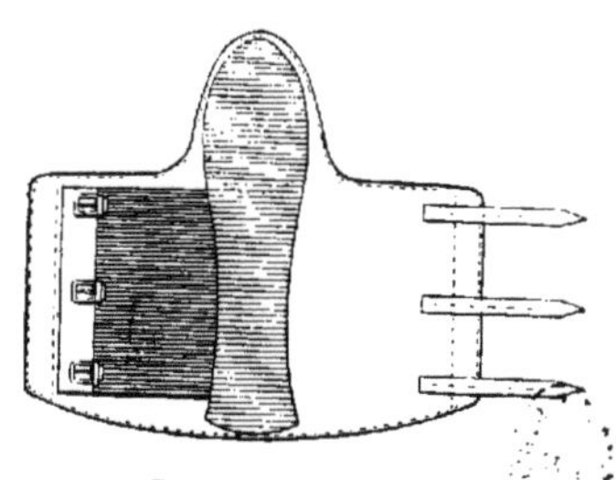

Guêtre de genou.

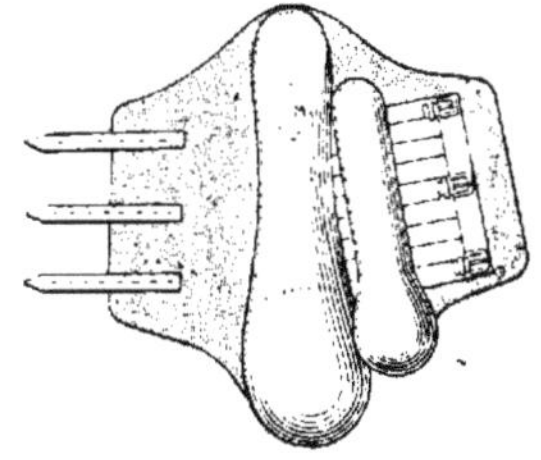

Guêtre de tendon et de boulet.

DIFFÉRENTES GUÊTRES PROTÉGEANT LES JAMBES DES CHEVAUX

qui lui fait peur, avec un écart plus ou moins grand. Appuyez bien votre cheval, trompez alternativement cet appui, soutenez la rêne du dehors, faites sentir la monture du fouet de ce côté, mais jamais ne fouettez votre cheval. Ce serait, pour la prochaine fois, doubler sa peur. On peut encore, avec un poulain, faire mettre pied à terre à l'aide, qui se mettra du côté opposé, le caressera en lui parlant. Si le cheval a de bons yeux, il se corrigera vite de sa peur. S'il est peureux à cause de sa vue, il faudra agir comme il est indiqué ci-dessus.

Combien ai-je vu de chevaux bien conduits, bien en main, marquer à peine un léger et moelleux écart, tandis que ces mêmes chevaux, menés les rênes flottantes, faisaient un écart brusque qui conduisait l'équipage à deux doigts du fossé, sinon dedans ou de l'autre côté! Cet écart, si le cheval était au pas ou s'arrêtait, se finissait toujours par un rapide demi-tour complet.

En résumé, votre dressage offrira toujours son minimum de difficulté, si vous avez bien débourré le cheval à l'écurie, puis monté ensuite, avec le système du marquis de Mauléon enfin, et si vous lui avez donné avec patience la leçon du tirage artificiel.

En cas d'insuccès, ne vous en prenez qu'à votre ignorance et à l'incohérence de vos demandes, souvent incomplètes et injustes.

Méditez les lignes suivantes de Howlett :

« Bien des personnes croient que les chevaux doivent leur obéir simplement parce qu'elles ont dans l'idée ce qu'elles veulent leur faire faire; elles s'étonnent que les pauvres bêtes ne leur obéissent pas. Si vous voulez faire un L et que vous ne fassiez que le premier jambage, vous aurez formé un I et non un L ; de même si vous ne faites à vos chevaux que la moitié d'un commandement, il est impossible qu'ils l'exécutent en entier.

« On dit que mes chevaux marchent seuls ; que l'on essaye de les mener, et l'on changera vite d'avis. Pour moi, je n'ai jamais trouvé de chevaux, même les mieux mis, pouvant faire un 8 d'eux-mêmes. »

CHAPITRE IV

Dressage des chevaux attelés en paire. — Maître d'école. — Véhicules. Harnais. — Dressage. — Défenses. — Défauts.

Si vous avez en vue l'attelage à deux, il est de toute nécessité d'apprendre à vos chevaux à tirer convenablement seuls.

C'est ensuite que, puisque vous êtes si partisan du *maître d'école,* vous pourrez l'employer, sans être traité d'empirique. Vous mettrez successivement chacun de vos élèves à côté de ce vieux cheval sage — le préféré certainement de votre cocher.

On met généralement l'élève à gauche. D'autres aiment mieux le mettre à droite : il est sous la main et sous le fouet. Mais ceci est, du reste, une question d'appréciation personnelle. Il faudra, en tout cas, alterner souvent la position des chevaux de chaque côté du timon.

Le véhicule. — Une bonne voiture de dressage est généralement un break avec un siège élevé et surplombant un peu les chevaux. Cette voiture devra être plutôt un peu lourde, de façon à ne pas « brinqueballer ». La meilleure de toutes est sans contredit le « Diable » ou « Squelette », modèle type de la voiture de dressage à deux. A défaut de voiture spéciale, un vieux phaéton sera très commode pour cet usage.

Les harnais seront solides, avec de très bons traits,

SQUELETTE DE DRESSAGE.

faciles à décrocher en cas d'accident. Il est utile de mettre à l'élève une barre de fesses. Cette plate-longe ne guérit certes pas l'animal de la ruade, mais il l'empêche d'enjamber son trait et le timon ou de casser la voiture.

Les chevaux seront attelés avec des traits courts et des chaînettes pas trop serrées, pour ne pas les habituer à tirer à la chaînette. Le maître d'école sera embouché de son mors ordinaire, et l'élève d'un filet brisé ou à canons droits, que je trouve préférable. Ses guides seront aussi un peu plus longues que celles du moniteur. Le filet ballottera moins dans la bouche qu'un mors dont les branches, du reste, se prendraient facilement dans la chaînette ou le timon. Avant de mettre les chevaux au timon, on fera bien de leur faire exécuter un petit travail, côte à côte, avec les guides, afin de les habituer à un voisinage nouveau pour eux, et éviter ainsi ruades, coups de pied et morsures.

BREAK POUR ATTELER A DEUX ET A QUATRE CHEVAUX.

Dressage de deux chevaux attelés. — Pour le dressage proprement dit, je ne peux mieux faire que de citer entièrement les excellentes pages de M. Lenoble du Teil, dont le livre devrait être entre les mains de tous les sportsmen :

« Dans le principe, on veillera à faire les tournants, du côté du jeune cheval, plus larges que ceux exécutés sur le moniteur, ce qui veut dire que la circonférence du cercle parcourue par le premier devra avoir un rayon égal des deux côtés; mais ces tournants ne seront jamais courts, et ils seront exécutés au pas jusqu'à ce que le cheval ait contracté l'habitude de bien rester sur les traits pendant tout le mouvement. Lorsque le tournant se fera de son côté, il faudra souvent l'appuyer pour le faire rentrer dans son collier, qu'il a trop de tendance à quitter; en effet, la guide dirigeante le provoque à revenir un peu sur lui, surtout si le cocher n'observe pas cette prescription, que nous n'avons cessé de recommander, concernant la guide du dedans, laquelle ne doit jamais produire un effet de longue durée, mais doit agir par indications successives et répétées, pour ainsi dire à chaque pas, et cela d'autant plus que le cheval a l'encolure moins ferme.

« Comme le jeune cheval a été préparé au tilbury, il n'a pas, dans le début, de préférence pour être attelé à gauche plutôt qu'à droite. Il ne faut pas, par conséquent, lui laisser contracter une trop longue habitude du côté gauche, surtout s'il est destiné à être mis à la droite d'un camarade. Il conviendra donc, après quelques leçons à gauche, pendant lesquelles il aura été familiarisé avec la nouvelle voiture et le contact d'un voisin d'attelage, de le mettre à la droite du timon et d'alterner les leçons à droite et à gauche du maître d'école. Le menage deviendra plus juste et le cheval sera plus droit, parce qu'il n'aura pas eu le temps de se préparer à ces mauvaises habitudes de tirer sur la chaînette ou de pousser sur le timon, qui proviennent des contractions d'encolure que la même position dans l'attelage ont imprimées à cette partie.

« Le remiser se demandera, comme au tilbury, lorsque la confiance et la franchise seront bien manifestes. Il aura lieu pas à pas, les chevaux étant toujours maintenus prêts à se porter en avant.

« Les leçons, de quelque nature qu'elles soient, auront toujours une durée proportionnée à la force et au tempérament du sujet, qu'il faut, avant tout, éviter de dégoûter du travail par la fatigue. Toujours le jeune cheval devra terminer son exercice en emportant une impression de gaieté, bien plus favorable aux leçons suivantes que la sensation de lassitude et de crainte qu'il conserverait à l'écurie après avoir quitté les brancards ou le timon. »

Défenses des chevaux attelés à deux. — Ces défenses sont les mêmes que celles du cheval attelé seul. La plupart proviennent de ce qu'on s'imagine, à tort, qu'on doit emboucher sur des chevaux attelés en paire. C'est là une grave erreur. J'ai souvent vu de très bons sportsmen, dressant et attelant eux-mêmes leurs chevaux, conduire sur route de grosses postières embouchées d'un simple filet.

Mais la plupart des cochers ne savent ni ajuster les mors, ni surtout ajuster les guides et les croisières.

Dans la plupart des harnais, la boucle d'ajustage des croisières est très loin des mains. Pourvu que ces croisières soient au même point des deux côtés, les cochers sont satisfaits. Ils ne savent pas en régler les différents effets pour que l'ensemble, par son action, mette un attelage bien droit.

En Autriche, à Vienne, par exemple, le moindre cocher de « fiaker » est un artiste à côté du plus gourmé ou bedonnant cocher anglais. Il conduit des chevaux légers, pleins de feu, vites, issus du croisement de la race hongroise et des trotteurs Orloff.

Ces « jukers » sont embouchés en filet à quatre anneaux, suspendus à des brides sans œillères. Les guides ont leurs boucleteaux de croisières sous les mains du cocher, qui ne dédaigne pas faire des effets isolés sur chacune des guides, lorsque le besoin s'en fait sentir, et c'est un plaisir, pour les yeux du plus « gaudissart » de

mes compatriotes, de voir filer dans les rues de Vienne ces victorias élégantes et si bien menées (1).

Défauts des chevaux attelés à deux. — *Tirer à la chaînette.* — Les chevaux qui tirent sur l'épaule du dehors le font pour deux raisons : la première est que la chaînette est trop serrée; la seconde, que la guide du dedans, étant trop courte, attire la tête en dedans et pousse le reste du corps en dehors. Rectifiez ces deux irrégularités, qui sont souvent combinées, et vous aurez trouvé le moyen de corriger ce défaut.

(1) Howlett, au contraire, recommande la longueur de $2^m,70$ pour les guides intérieures des timoniers d'un break, de l'extrémité d'une bouche à l'autre.

Veillez aussi à ce que le trait du dedans ne soit pas trop court.

Pousser sur le limon. — Raccourcir les croisières, pour ramener la tête dans l'axe du corps, et au besoin un peu en dedans.

Un des deux chevaux prend facilement le galop. — Un cheval qui prend le galop galope presque toujours sur le même pied; quand on ne réussit pas à le remettre au trot par ralentissement d'allure ou par une traction sur l'une ou l'autre guide, et qu'on sera sûr que cette irrégularité d'allure ne provient pas d'une embouchure mal appropriée, on pourra raccourcir ou allonger sa croisière, de façon à mettre au cheval la tête un peu à droite s'il galope à gauche, etc.

On devra encore s'assurer si, en bouclant plus bas ou plus haut une des guides dans les branches du mors, on ne rétablit pas l'équilibre d'appui sur la main. Les chevaux ont, en effet, souvent une barre plus sensible que l'autre, et, lorsque les guides paraissent ajustées comme longueur, elles ne le sont pas comme effet, à cause de cette différence de sensibilité des barres.

CHAPITRE V

Harnais. — Attelles. — Crapauds d'attelles. — Crochets d'attelles. — Différentes sortes de colliers. — Bricole. — Faux colliers. — Baudriers. — Traits. — Palonnier. — Frontail. — Œillères. — Sellette. — Sangle. — Culeron. — Avaloire. — Barre de fesses. — De l'embouchure. — Différentes sortes de mors. — L'enrênement. — Les guides. — Le fouet.

Harnais. — La nomenclature des différentes pièces du harnachement paraîtra superflue à quelques-uns ; mais j'ai acquis l'intime conviction que beaucoup de gentlemen qui conduisent ignorent le nom de la plupart des pièces composant le harnais de leur cheval.

Les harnais se font en cuir noir ou en cuir fauve. La première teinte est plus comme il faut et plus sérieuse. De plus, c'est une erreur, fort répandue du reste, que de croire qu'un harnais fauve demande moins de peine et moins de temps à entretenir. Il est, au contraire, bien plus délicat à manier, se tache plus facilement, et la pâte destinée à le rendre luisant se ternit encore plus vite à l'humidité qu'un bon cirage bien appliqué.

La bouclerie et les garnitures se font soit en plaqué argent, soit en nickel, soit en cuivre.

Il nous semble que le cuivre est de meilleur ton et mieux porté que le nickel.

A propos du harnais, nous répéterons ce que nous avons dit plus haut du harnachement de selle : une simplicité plus ou moins accentuée sera la pierre de touche de votre goût.

Moins le harnais sera surchargé d'ornements, chaînettes, garnitures, plus le chiffre ou la couronne seront petits et dégagés de supports héraldiques (nous n'envisageons point les harnais de gala), plus vous vous rapprocherez du vrai « bon chic ».

L'horreur du clinquant va, chez certaines personnes, jusqu'à faire envelopper de cuir verni tous les anneaux, clefs et boucleries. C'est pousser un peu loin l'amour de la simplicité ; à ce point, elle devient funèbre.

Les *attelles* sont plaquées en plein ou enveloppées.

L'avantage du plaqué en plein est d'être plus élégant, d'un entretien plus facile, car le cuir verni s'use, s'écaille et se découd rapidement sous l'action corrosive de la rouille de l'attelle enveloppée.

Les attelles peuvent être plaquées cuivre, argent ou similor, selon la bouclerie des harnais.

La fermeture inférieure se fait au moyen d'une chaînette ou d'un crochet nommé *crapaud,* du même métal. On doit, dans ce dernier cas, en avoir plusieurs de

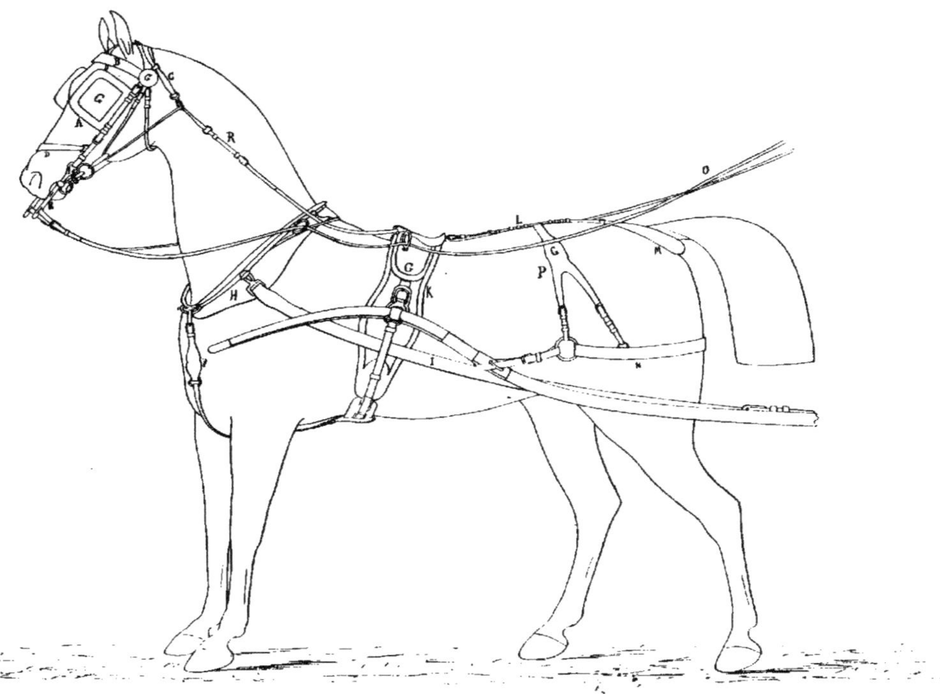

HARNAIS SIMPLE.

rechange et de tailles différentes pour pouvoir ajuster les attelles à plusieurs colliers.

Le *point d'attache des attelles aux traits* ne doit pas être trop bas, de façon à ne pas appliquer le point de traction sur la pointe de l'épaule. L'endroit convenable pour ce point est au tiers inférieur des omoplates, au-dessus de la pointe de l'épaule.

Le *collier* ordinaire est en cuir verni noir, ou en cuir fauve. Même avec les harnais noirs, on s'est beaucoup servi, ces dernières années, du collier fauve. D'aucuns, peu inspirés par le bon goût, se font remarquer par des colliers blancs.

Peu de personnes savent ajuster un collier à l'encolure

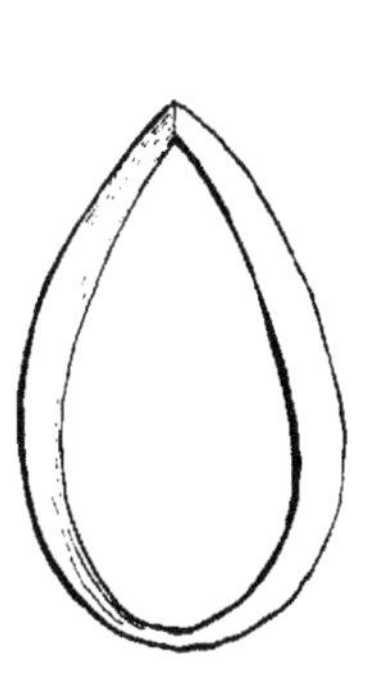

MAUVAISE FORME.

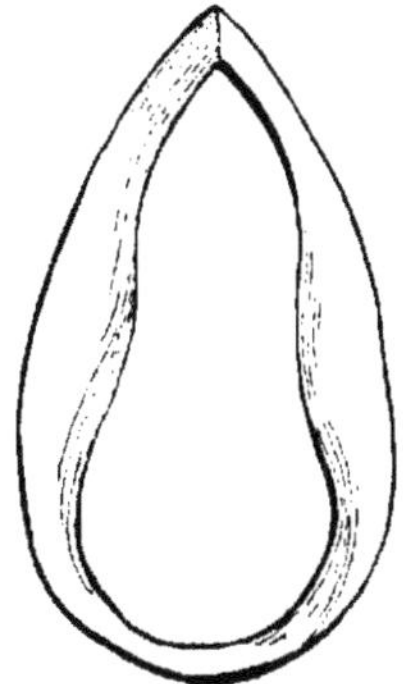

BONNE FORME.

de leurs chevaux. C'est pourtant une chose absolument nécessaire qu'un collier bien ajusté. De même que pour le fer, si celui-ci doit être forgé pour le pied, le collier doit être fait pour l'épaule. C'est souvent le contraire qui a lieu : le pied est obligé de s'adapter au fer, et l'épaule finit par faire son trou dans la matelassure.

Le collier ne doit pas être parfaitement ovale ; il doit être bien large à sa base et avoir sa « tête » renversée. Il doit suivre le galbe de l'encolure dans sa forme extérieure.

Trop étroit, il gêne la respiration du cheval ; trop grand, il cause par son frottement des plissements de la peau et des blessures.

Le collier doit plaquer sur les épaules et reposer sur le dessus de l'encolure. Inférieurement on doit pouvoir passer le poing fermé entre le collier et le cou.

Il ne suffit pas d'essayer un collier neuf au repos ; il faut encore le mettre sur le cheval harnaché et l'essayer à la traction ; car le cheval aux allures vives modifie son port de tête, et partant la forme de son encolure.

Mais, souvent, si le collier qui paraît bien ajusté ne va pas, la faute en est au mauvais placement des points de tirage des attelles.

Ne croyez pas qu'un collier doive être très doux de rembourrage. Les Russes et les Suédois ne se servent jamais de coussins de collier ; le collier entier est fabriqué en bois de micocoulier, à la fois élastique et dur, et le collier blessant le moins les chevaux est le collier en tôle d'acier de la Compagnie des omnibus. L'élasticité du métal et sa forme même amortissent les chocs de la traction. Sa conformation rationnelle, son nettoyage facile rendent les blessures très rares.

Un collier doit également, comme largeur, être proportionné à la traction, car les points de tangeance des coussins doivent être d'autant plus nombreux que la charge à tirer est plus grande; et, si les colliers larges sont maintenant à la mode, c'est qu'on les a copiés des épais colliers des mail-coach, dont l'usage se répand de plus en plus dans la haute société sportive.

La base du collier ordinaire est du foin ou de la paille très serrée ; un rembourrage de bourre ou de crin constitue les coussins. Cette partie est elle-même recouverte de cuir.

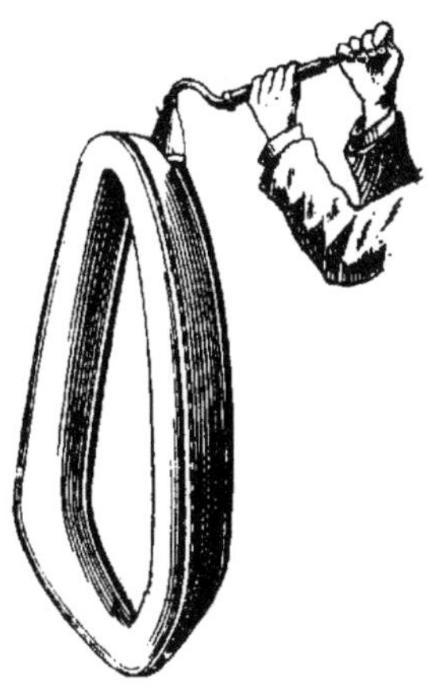
COLLIER PNEUMATIQUE.

La maison Meyer, rue du Colisée, fabrique, ces dernières années, des colliers à coussins pneumatiques. Ils jouissent d'une grande vogue parfaitement méritée. Ils sont construits rationnellement et constituent un réel progrès dans la traction. Rapidement gonflés, ils s'adaptent parfaitement à l'encolure, où ils plaquent sur tous leurs points.

On fabrique des *colliers en caoutchouc plein* et des colliers en paille pour les chevaux sensibles et froids d'épaule. Nous donnons la préférence à ces derniers, ayant toujours eu à nous plaindre du caoutchouc appliqué directement sur la peau.

Les *colliers en paille de seigle* sont de deux sortes : les uns complètement en paille, les autres ont la partie visible en jonc tressé, l'intérieur en paille et la partie interne doublée en serge de couleur (noire, rouge ou bleue).

Si les premiers sont très doux et très bon marché, s'adaptant parfaitement au galbe des épaules, ils se détressent vite, se brisent facilement; ils ont, de plus, l'inconvénient de « couvrir » beaucoup le cheval. Les colliers en jonc sont juste le double plus cher, mais durent indéfiniment, tout en ayant les qualités du premier de ces deux colliers.

Des *colliers en tôle cintrée* sur des moules à l'aide d'un battage, ayant un tirage à crochet, sont en usage dans quelques administrations ; nous venons d'en parler plus haut.

Le collier le plus commode et permettant un rembourrage rationnel est bien le collier commun à clavette inférieure. Cette clavette en permet l'ouverture. La partie supérieure du collier fait charnière. De plus, on garnit et dégarnit avec lui beaucoup plus facilement son cheval.

Cependant, cette sorte est peu prisée. Il est forcément d'un aspect plus massif, moins élégant, bien que j'en aie vu parfois de fort bien faits qui ressemblaient à des colliers dits anglais.

Dans l'artillerie, bien que l'autre mode de tirage soit inférieur, on a adopté la bricole, à cause de la difficulté d'ajuster un collier à un aussi grand nombre de chevaux. (LAVALARD.)

L'usage de la *bricole* est assez répandu. Elle est vite mise, est d'un entretien facile et dégage l'encolure. Mais elle ne convient (au point de vue de l'hygiène et de la mécanique de la traction) qu'au trait léger ; — encore faut-il quelquefois la doubler avec un tablier en cuir ordinaire, mais plus large, en peau de chevreuil, ou simplement la rembourrer avec de la modeste peau de mouton, afin d'éviter les blessures, résultat inévitable d'une longue course.

N'ajustez pas votre bricole trop bas : une bricole n'est jamais assez haute, pourvu qu'elle ne gêne pas la respiration.

M. Lavalard nous apprend que les efforts de démarrage au collier ont été de 300 à 400 kilos. Avec les mêmes chevaux, à la bricole, ces chiffres montent à 450, 500 kilos. De plus, la pression s'opère plutôt sur l'épaule du membre posé à terre que sur celle du membre qui se lève. Toutes ces raisons doivent faire toujours préférer le collier à la bricole pour un travail sérieux. La bricole n'a qu'un avantage : c'est d'être vite mise, ajustée et enlevée.

Les *faux colliers* servent à diminuer l'ouverture d'un trop grand collier.

Les faux colliers se font soit en chevreuil, poil contre poil, soit en feutre, soit encore en vache légère et noire.

Ce dernier est le meilleur. Le chevreuil est en effet facilement détérioré par l'humidité et mangé par les vers; le feutre s'encrasse vite sous l'action de la sueur; de plus, il est peu élégant.

Pour qu'un faux collier tienne bien en place, il doit s'attacher à la tête et au bas du collier et à chaque mamelle par une petite courroie vernie, à bouclerie noire pour qu'elle soit moins visible, ou tout au moins du métal des garnitures du harnais.

Mais ne comptez pas sur un faux collier pour guérir une blessure faite par le collier. Bien au contraire, le mal s'aggraverait peut-être.

Au moyen de coussins mobiles, vous pourrez isoler de tout contact la partie blessée.

Seul le « baudrier » fixe peut guérir un cheval continuant à travailler. C'est une pièce de cuir taillée en croissant, embrassant la base de l'encolure et une partie des épaules. Elle est fixée supérieurement au crochet de la sellette par deux courroies partant chacune des points de cette espèce de croissant qui, à son milieu inférieur, est reliée à la sous-ventrière par une martingale serrée. De sorte que le collier ne joue pas sur la peau, protégée par ce cuir que l'on peut graisser avec de la vaseline boriquée et qui reste fixe, collé en quelque sorte aux épaules.

Les *traits,* dit M. Lavalard, administrateur de la Compagnie des omnibus, doivent être résistants et inextensibles. Voici l'avis du professeur Marey :

« Un intermédiaire élastique aide au tirage dans des proportions notables, car les chocs même de courte durée (ceux produits à chaque appui des pieds, par exemple) sont nuisibles à la bonne utilisation des forces mécaniques. En effet, une force de très courte durée, appliquée à une masse, ne produit qu'un choc, incapable de la déplacer. Mais ce même choc, s'il s'exerce au moyen d'un intermédiaire élastique, se transforme en un acte de plus longue durée, et, sans qu'il ait ajouté en rien à la qualité du mouvement, il devient capable de produire du travail.

« Dans les conditions où se place l'homme qui traîne un fardeau, s'il est relié par une courroie rigide à la masse qu'il doit entraîner, les chocs dont nous venons de parler se produisent, et le marcheur en reçoit le contre-coup aux épaules. Pour éviter ces commotions pénibles, nous avons placé entre la voiture et la courroie de traction une pièce intermédiaire élastique dont l'effet a répondu à notre attente ». (MAREY.)

« Toutes les théories — dit à ce sujet M. Lenoble du Teil — tendant à prouver les inconvénients des bandes d'acier qui remplacent souvent le palonnier, ou n'importe quel intermédiaire élastique, tombent d'elles-mêmes devant la méthode expérimentale de M. Marey.

« Ces théories ont pour point de départ que le trait long est plus fatigant que le trait court. Pourtant ce n'est pas en raison de sa longueur, mais bien en raison de l'extension que le cuir subit par l'effort de la traction, que le trait long est plus fatigant que le trait court, parce que la force employée à allonger le cuir est totalement perdue, aucune force étrangère ne venant, entre deux efforts successifs de l'animal, contribuer à la traction et la rendre ainsi plus uniforme. »

Beaucoup de brevets d'invention ont été pris, donnant des modes d'attache élastique des traits aux brancards : lames d'acier formant ressort, auxquelles on accroche n'importe quels traits, etc., etc.

Nous préférons l'invention suivante. Le ressort étant contenu dans l'extrémité du trait lui-même, on peut l'adapter à la première voiture venue. En voici la description donnée par l'inventeur, M. Roger, de Paris.

Tout le monde sait combien les chevaux attelés à des

voitures lourdes et qui s'arrêtent souvent, comme les omnibus, par exemple, s'usent vite par la fréquence des coups de collier à donner. Les boucleteaux de traits portent un fort ressort à boudin qui, sous l'effet du tirage, cède un peu et remplace le démarrage brusque par un effort progressif, beaucoup moins fatigant pour les chevaux. Le départ du véhicule est donc plus doux, et l'on évite la saccade si désagréable que l'on éprouve avant

d'être assis dans nos omnibus, si l'on n'a pas soin de se tenir ferme aux galeries dès que l'on est monté.

L'extrémité des traits doit se fixer à un *palonnier*. En effet, le palonnier permet toujours le tirage dans l'axe normal, même lorsqu'on change de direction.

Dans l'attelage à un cheval, on doit choisir le mode d'attache le plus facile à décrocher en cas d'accident et à ajuster au moment du départ. Certains traits sont terminés par des chaînettes dont on accroche un maillon au crochet du palonnier. C'est là un système pratique.

Le *frontail* est en métal uni de la couleur de la bouclerie. Le frontail de couleur n'est permis qu'avec un harnais de charrette anglaise; on peut aussi mettre un bouton de rose ou une fleur « aux couleurs ». Mais ce bouquet doit être minuscule et très discret. Il se fixe dans le passant supérieur de la boucle du montant de la bride, au-dessous du fleuron de frontail. Éviter les frontaux mi-partie métal et cuir verni.

Les pompons, les flots, etc., ne sont de mise qu'aux harnais de gala, et journellement au carrosse du duc de Brunswick, à l'Hippodrome.

Les *œillères* doivent être bien ajustées et ne pas frotter sur les yeux des chevaux. Quand la mode le permettra, on ne pourra que se féliciter de leur suppression. Les chevaux qui n'en ont plus deviennent beaucoup moins peureux. Mais peu de gens oseraient enlever ce morceau de cuir où réside, croient-elles, toute leur sécurité.

Les Hongrois, les Russes et tous les peuples « cavaliers » n'en mettent pas à leurs chevaux d'attelage.

La *sellette,* comme forme et volume, suit une mode assez irrégulière. Mais on peut se conformer à cette règle : si le poids de la voiture ne doit pas porter sur le dos du cheval, — il ne devrait jamais le faire, — il est inutile d'avoir une volumineuse sellette.

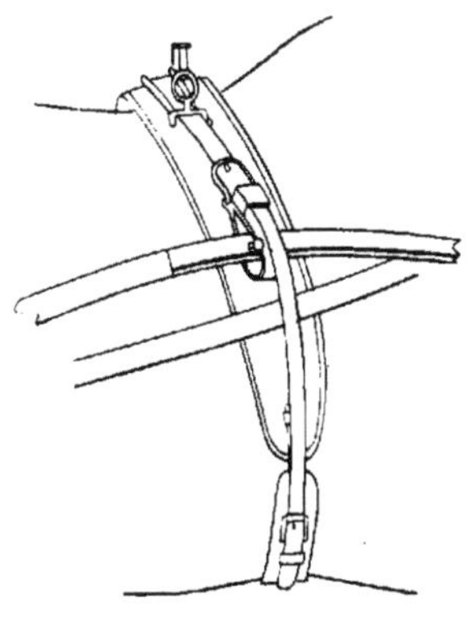

SELLETTE
DE CHARRETTE ANGLAISE.

Il est très pratique de mettre un faux garrot en feutre, ou en fort lainage tricoté et double, sous la sellette, pour empêcher les chevaux à garrot saillant de se blesser à cet endroit. On peut aussi doubler les sellettes avec de la peau de vache recouverte de son poil. Cet usage a cours en Amérique.

La *sangle* peut, lorsque les chevaux se blessent aux coudes, être faite avec une sangle en ficelle, comme la sangle d'ordonnance de la cavalerie.

On peut encore, lorsqu'un cheval a un mauvais passage de sangles et qu'il s'y blesse, installer une petite courroie de retrait fixée d'un côté à la sangle, de l'autre au brancard.

La *dossière* s'emploie de différentes formes : la plus pratique est celle complètement indépendante de la sangle et qui sert de sous-ventrière. Elle fait en quelque sorte le tour du cheval. Elle supporte les bracelets du brancard, qui y sont fixés par un boucleteau. J'ai ici en vue l'attelage à la charrette à deux roues.

Dans l'attelage d'un quatre roues, la dossière est beaucoup plus courte, ne sert qu'à supporter les bracelets de brancard. Les contre-sanglons de ceux-ci viennent se fixer à une boucle de la sangle, ce qui fait que les brancards sont collés au flanc du cheval.

Le *culeron* est simple pour les chevaux portant bien la queue, double de grosseur (alors il est dit *jumeau*) pour ceux qui la portent mal, et « en gouttière » pour celles qui ne sont jamais « portées ».

Certains dresseurs prétendent que le seul fait d'empêcher un cheval de baisser la queue peut paralyser la ruade. J'ai vu du reste bien des chevaux rueurs ne plus songer à ruer après l'emploi du *gingembre*. Par contre, j'en ai vu d'autres, fort tranquilles sans gingembre, ruer aussitôt qu'ils en sentaient l'effet.

L'*avaloire* est surtout utile avec les voitures à quatre roues.

Il peut être supprimé dans les voitures à deux roues, lorsqu'elles possèdent une « mécanique ».

La *barre de fesses* devrait toujours être employée. Presque tous les accidents, à notre connaissance, sont survenus avec le cheval de grande confiance attelé depuis de longues années sans à-coups et qui, un beau jour, a rattrapé le temps perdu en ruant jusqu'à démolition complète du véhicule.

L'*embouchure* à la voiture doit être très douce ; la plupart des chevaux se trouvent bien d'être conduits sur le filet, ou mieux sur filet de cuir.

Le *mors* dit *Condé* est très bien porté : il est léger et de bon goût. De plus, il empêche les chevaux de prendre les branches du mors entre les dents.

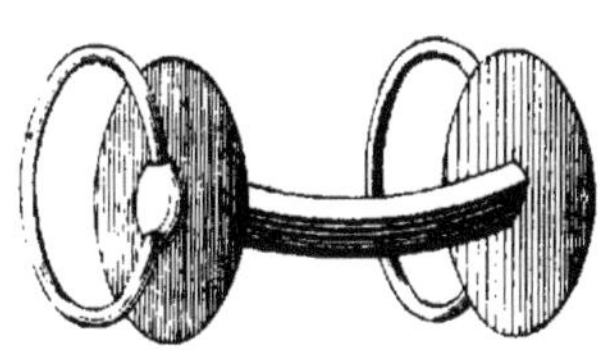

MORS EN CUIR POUR TROTTEUR.

Il existe une multitude d'embouchures. Depuis le mors Wellington, le mors à ballon, le mors Howlett à gorge de pigeon, le mors brisé, le mors décontracteur Thouvenin, le mors à bascule, jusqu'aux filets simples, doubles, à doubles brisures, en cuir, à quatre anneaux (brisé ou droit), il y a une variété infinie d'embouchures où la sagacité du propriétaire pourra faire un choix selon la bouche et le degré de dressage du cheval.

L'*enrênement* est superflu à la campagne. Il est certainement inutile et même dangereux au début d'un dressage; une fois le dressage terminé, il l'est encore plus. Avec lui le cheval ne peut jamais se détendre. Ce dernier se met en dedans de la main, s'assoit et conserve, tout le temps qu'il est dans le brancard, une position contractée. En montant les côtes, il ne peut marcher un bon pas, puisqu'il ne peut allonger son encolure, et dans les mauvais chemins devient maladroit, puisqu'il lui est impossible de choisir son terrain.

Voici, du reste, ce que dit de l'enrênement un maître en matière d'attelage, M. Lenoble du Teil :

« En principe, avec un cheval suffisamment et convenablement assoupli, l'enrênement est inutile. Mais s'il s'agit d'atteler ensemble deux chevaux qui ne portent pas la tête à la même hauteur, on se sert avec avantage de cet objet du harnachement...

« ...L'emploi de l'enrênement, en dehors du but d'égaliser la hauteur de la tête de deux chevaux, est mauvais et caractérise le cocher maladroit et paresseux, celui qui préfère calmer l'ardeur gênante de chevaux trop peu exercés, en leur fatiguant le rein et les jarrets, au soin de leur donner une éducation suffisante et un exercice salutaire qui les baisserait suffisamment et les rendrait aussi plus facilement gouvernables. »

Néanmoins, dans un attelage de luxe, l'usage de l'enrênement est général, mais plutôt comme ornement et complément que comme utilité.

Cependant, avec des chevaux qui tirent, il est très utile de se servir de l'*enrênement américain,* qui relève la tête sans écraser l'encolure et en produisant son effet sur les barres supérieures et non sur la commissure des lèvres, comme le fait l'enrênement à panurge ordinaire.

Les *guides* peuvent être, pour l'attelage à un cheval, doublées et piquées, de même que la main de guides pour l'attelage de deux chevaux.

Pour la conduite à quatre guides, les guides seront simples, pour ne pas faire un volume trop fort dans la main du cocher. Elles doivent être d'une bonne largeur et pas trop minces, afin de ne pas se déformer et ne pas glisser dans la main.

D'après Howlett, la longueur des guides intérieures des timoniers, de l'extrémité d'une bouche à l'autre extrémité, doit être de 2^{m},70.

Les guides auront une largeur appropriée à la main du conducteur. 0,026^{mm} est une bonne mesure.

Le *fouet*. — Il y a loin de la chambrière à manche court et à lanière plate, large et longue, décrite et dessinée dans l'ouvrage si intéressant de la Guérinière, à l'élégant objet moderne, complément de tout équipage bien tenu.

Un bon fouet doit être léger, souple et bien en main. Il ne doit pas être trop court, pour ne pas forcer le conducteur à allonger ridiculement le bras, ni trop long, afin de pouvoir « toucher » autre chose que les épaules du cheval.

Le fouet de maître se distingue du fouet de cocher en ce que ce dernier a la partie inférieure munie d'un revêtement de cuir fauve, maintenu par deux bagues en métal.

Le fouet de maître est tout en bois. Sa couleur doit s'harmoniser avec celle de la voiture. Comme toujours, il doit être très simple. Un dé en métal pourra cependant protéger sa partie inférieure.

Les plus agréables sont les fouets en rotin ou simili-rotin; ces derniers, assez bon marché, sont d'une aussi longue durée que ceux en rotin authentique.

Il est très économique d'en confectionner soi-même en coupant à longueur suffisante de belles branches de houx ou d'épine.

Il faut ensuite écorcer ces branches et les pendre verticalement, tendues par le poids d'une pierre, dans un endroit sec, jusqu'à ce que la sève en soit éliminée ou évaporée.

On peut, pour leur donner une teinte d'un beau brun, les enterrer, après les avoir écorcées, dans du fumier pendant quelques jours.

Une fois bien droits et bien secs, ces fouets doivent être polis au papier de verre fin et vernis au tampon.

Lorsqu'il est assez gros pour supporter l'opération suivante, le manche du fouet se trouve dans des conditions supérieures de solidité et de durée.

Dans le gros bout creusez un petit godet. Suspendez le fouet le gros bout en l'air, l'extrémité maintenue par un poids de 3 ou 4 kilos, et remplissez le godet d'huile, tous les jours pendant un mois : vous obtiendrez un manche flexible et, partant, incassable.

La monture des fouets doit être souvent lavée et blanchie comme les autres buffleteries.

La mèche la plus pratique est une petite mèche fine, moitié soie, moitié ficelle. Elle dure longtemps, ne se détresse pas, et ne fait pas de nœuds sur elle-même, comme la grosse mèche ordinaire.

Un fouet ne doit jamais demeurer appuyé contre le mur ; il se courberait rapidement. On doit le mettre au porte-fouet, composé généralement d'une large rondelle où vient s'appuyer la partie courbée de la monture.

CHAPITRE VI

Garnir, atteler un cheval. — Cheval se blessant au passage des sangles : le dételer, le dégarnir. — Garnir et atteler deux chevaux : les dételer, les dégarnir. — Chaînettes. — Longueur des traits.

Garnir le cheval — Si vous avez affaire à un cheval déjà habitué à être garni, ou à un poulain peu impressionnable, vous pourrez le garnir à l'écurie. Mais lorsque vous avez lieu de redouter quelque désordre (surtout en passant la porte, où le cheval peut accrocher son harnais), garnissez votre élève à l'extérieur.

Voici dans quel ordre on procède.

Prendre la sellette et ses accessoires dans le bras droit, aborder le cheval du côté montoir. Poser la sellette sur le dos, le culeron ayant été déboucle à l'avance.

Fixer très lâchement la sellette pour qu'elle ne tombe pas (ce que font peu de cochers), si le cheval bouge, pendant qu'on passe le culeron sous la queue.

Dégagez soigneusement les crins de la queue; bouclez le culeron.

La croupière doit être assez lâche.

Ensuite, et surtout si l'on a affaire à un jeune cheval, mettre la sellette à sa place et sangler modérément : la sangle trop serrée empêche souvent un jeune cheval de se porter en avant et provoque des défenses qu'il vaut mieux prévenir.

La sellette sera à sa place, lorsque, placée à la base du garrot, la sous-ventrière marque un bon passage de sangles, ou du moins, sur un poulain, ne vient pas blesser l'animal aux coudes.

Tourner le cheval tête à queue. — Introduire le collier, la partie la plus large en haut. Une fois la tête et les oreilles engagées, retourner le collier pour le mettre en place, en ayant soin de lui faire faire demi-tour dans le sens de la crinière, pour ne pas ébouriffer celle-ci.

Brider le cheval en laissant le toupet sous le frontail. *Passer les guides dans les clefs de la sellette et du collier, les boucler au mors.*

Si l'on fait usage d'un enrênement, le passer en même temps que la bride dont il fait partie, *ne le fixer qu'au moment du départ.*

Accrocher la gourmette, qui, dans le cas de l'enrênement, maintiendra le mors de filet dans la bouche.

La gourmette doit être lâche et ne sera resserrée que sur l'ordre du conducteur.

Ne pas passer l'enrênement dans le crochet de sellette avant que le cheval soit prêt à se porter en avant. Il vaudra même mieux le faire fixer une fois la marche en avant franchement obtenue.

HARNAIS A DEUX CHEVAUX

NOMS DES PIÈCES DU HARNAIS A DEUX CHEVAUX

1 Œillère.
2 Courroie d'œillère.
3 Montant d'œillère.
4 Porte-mors.
5 Têtière.
6 Gourmette.
7 Sous-barbe.
8 Sous-gorge.
9 Rond de rêne.
10 Plat de rêne.
11 Verge.
12 Attelle.
13 Tirage d'attelle.
14 Coulant et anneau d'attelle.
15 Chaînettes.
16 Blanchet dessus — Mamelle dessous.
17 Hausse-col et bonnet.
18 Grand boucleteau.
19 Dessus de mantelet.
20 Quartier de mantelet.
21 Contre-sanglon de mancelle.
22 Boucleteau de mancelle.
23 Sous-ventrière.
24 Croupière.
25 Culeron.
26 Barre à fourche.
27 Reculement.
28 Porte-trait.
29 Trait.
30 Dard.

Rassembler les extrémités des guides et les maintenir engagées dans la clef gauche de la sellette, jusqu'au moment de monter sur le siège.

Fixer les traits aux attelles, les croiser sur le dos du cheval, ou en former une boucle, pour qu'ils ne traînent pas à terre.

Avancer alors le cheval près de la voiture ; le faire tourner très près de cette dernière, pour que la croupe se

trouve juste derrière les brancards. Faire reculer doucement le cheval, en engageant les brancards dans les porte-brancards (si c'est une voiture à deux roues).

Boucler la sous-ventrière, ou les contre-sanglons de dossière, sans trop serrer ; car, pour qu'une voiture soit toujours en équilibre, il faut que les brancards jouent dans leurs bracelets, et ils ne pourraient le faire s'ils étaient collés, par un sanglage trop fort, contre le flanc du cheval, comme on le fait, et avec raison, dans l'attelage à une voiture à quatre roues.

Attacher les traits aux palonniers.

Mettre la barre de fesses.

Si vous vous servez d'un reculement, il doit être ajusté assez large pour qu'on puisse passer les deux poings entre la fesse et cette partie du harnais.

Lorsque, au contraire, vous ne vous servez pas de reculement, la partie postérieure des traits, au lieu de passer dans les courroies du reculement roulés aux brancards, sera engagée dans les bracelets de la barre de fesses, ou, en leur absence, dans de petites courroies nommées courroies porte-traits. Leur usage est utile seulement avec des chevaux chatouilleux que le froissement des traits contre la jambe pourrait susceptibiliser.

« Nous avons vu, dit M. Lenoble du Teil, que le cheval doit être mis dans les brancards à une distance convenable du garde-crotte.

« Quelle est cette distance convenable?

« Doit-elle être longue ou courte?

« A mon avis, elle doit être courte si le poids de la voiture est équilibré de telle façon que le cheval n'aura rien à porter avec la dossière ou à retenir avec la sous-ventrière, et si cet équilibre peut être maintenu tel. Mais si la voiture pèse ou peut peser, à un moment donné, en avant ou en arrière, le cheval doit être attelé loin du garde-crotte.

« En effet, que la charge soit en arrière ou en avant, le brancard représente un bras de levier du premier genre dans un cas, du deuxième genre dans l'autre. L'essieu est le point fixe. Or, dans ces deux genres, il est avantageux que le bras de levier soit long. »

Si le cheval se blesse au passage des sangles, en plus des soins vétérinaires indiqués (*Le cheval, soins pratiques*), on pourra maintenir la sous-ventrière en arrière par deux courroies de retrait fixées au brancard, en ayant soin de ne pas sangler trop fort.

Il faut en tout cas assouplir le cuir de la sangle, l'entourer au besoin de peau de mouton tenue bien propre; ou encore remplacer la sangle en cuir par une sangle en ficelle, du même tissu que celles usitées à la selle et d'ordonnance dans notre cavalerie.

Dételer et dégarnir. — On opérera dans l'ordre inverse de l'atteler et du garnir.

Décrocher l'enrênement.

Passer les guides dans la clef gauche de la sellette.

Déboucler les courroies du reculement, les rentrer dans leurs passants pour qu'elles ne flottent pas.

Déboucler la dossière, ou les courroies des bracelets porte-brancards, selon la forme du harnais.

Déboucler la barre de ruade.

Détacher les traits du palonnier et les décrocher des crochets d'attelle, s'ils sont mobiles. Les poser dans la voiture.

Soulever les brancards, dégager les bracelets ou les porte-brancards de leurs crampons, porter doucement le cheval en avant. Si on a affaire à un jeune cheval, il vaut mieux ensuite le dégarnir hors de l'écurie.

Sinon, rentrez-le avec précaution, mettez-le tête à queue, enlevez les guides, desserrez la sangle, déboucléz le culeron, enlevez-le, débouclez ensuite la sangle à gauche et enlevez le harnais.

Débridez le cheval, et enlevez le collier en prenant les mêmes précautions que pour le mettre.

Le harnais complet, accroché au porte-harnais, devra être nettoyé le plus tôt possible. En tout cas, si le temps fait défaut, lavez l'intérieur du collier et le culeron pour empêcher la crasse de s'y solidifier.

Exigez de votre cocher qu'il amène le cheval à la voiture avec les guides ramassées dans la clef gauche de la sellette, et qu'il ne les enlève qu'une fois le cheval sorti des brancards.

C'est une règle absolue, à laquelle les cochers de bonne maison ne manquent jamais, mais à laquelle se

soustraient généralement les boulangers, bouchers, etc. Ce manque de précaution peut causer des accidents. Le cheval, une fois attelé, peut partir subitement, et on n'aura rien pour le retenir.

Il faut aussi habituer vos hommes d'écurie à enlever le culeron avant la sellette et à ne pas ôter la sellette en tirant tout le reste du harnais en arrière.

L'habitude de poser simplement la sellette sur le dos, sans la boucler légèrement pour passer le culeron et le retirer, est générale malheureusement. La sellette peut tourner, tomber, et le harnais être foulé aux pieds du cheval effrayé.

GARNIR ET ATTELER DEUX CHEVAUX.

Garnir. — Pour chaque cheval, prendre tout le harnais sur le bras droit, en commençant par la partie postérieure, et le collier.

Entrer le collier comme il est dit au paragraphe précédent.

Étendre le harnais sur le dos du cheval, fixer la sangle, un peu plus lâche que pour le cheval attelé seul.

Fixer les traits, les mettre en boucle, ou les poser en travers sur le dos.

On peut encore, s'il y a un reculement, engager les extrémités du trait sur les courroies de ce reculement.

Brider le cheval.

Boucler la guide extérieure et ramasser la croisière dans la sous-gorge ou les montants de la bride.

Aussitôt les chevaux attelés, boucler toutes les guides aux mors en croisant celles de l'intérieur, boucler la main de guide. Ramasser les guides dans la clef de sellette gauche.

Les guides seront bien égales. Certains croient très élégant de voir leurs deux chevaux la tête en dedans. Cela n'a pour résultat que de les faire « tirer à la chaînette ». Le contraire les fait pousser au timon; il faut donc que les chevaux tirent bien *dans leur ligne* et, par conséquent, que les têtes soient droites par le moyen des guides égales.

On fixera l'enrênement, s'il y a lieu, au moment de partir.

Si l'un des deux chevaux a besoin d'une barre de ruade,

on la passera dans un passant ménagé à cet effet sur la croupière et dont les extrémités viendront tout à l'heure se fixer aux paumelles.

Atteler deux chevaux. — Voici, d'après le comte de Montigny, comment on procède à cet effet :

« Les précautions qu'on apporte à présenter le cheval à la voiture pour l'y atteler sont d'une importance plus grande qu'on ne se l'imagine : supposons le cheval de gauche à présenter au timon : le cocher doit l'y amener

obliquement et d'arrière en avant, en sorte que son avant-main arrive la première à l'extrémité de la flèche et qu'on n'ait plus qu'à lui faire doucement redresser son arrière-main pour qu'il soit en place. Il faut éviter de faire reculer le cheval, qui pourrait venir frapper la volée avec sa croupe et ruer, surpris par une résistance inattendue.

« Le premier soin est de mettre la chaînette lâche, seulement pour fixer le cheval au timon.

« On procède ensuite à mettre les traits, que l'on a eu soin de ramasser sur le dos du cheval. On fixe d'abord le trait du dehors, puis celui du dedans, puis enfin on vient définitivement fixer la chaînette.

« On attelle le cheval de droite en le présentant avec

les mêmes précautions, mais en le tenant de la main gauche. Aussitôt que les chevaux sont attelés, on boucle les guides du dedans après avoir passé l'anneau de guides. On boucle les bouts de guides aux croisières, on les ramasse dans la clef du mantelet du cheval de gauche, et enfin, par une inspection prompte et cependant minutieuse, on s'assure que tout est à sa place et que toutes les parties du harnais sont solides.

« Il y a un dernier soin de propreté à donner, c'est-à-dire un coup de brosse aux crinières, qui doivent être bien dégagées de dessous le mantelet, au toupet, qui doit être lisse et passé sous le frontail. Cela fait, le cocher saisit ses guides de la main gauche ainsi que son fouet, et monte sur son siége posément et en tenant toujours ses chevaux de la main gauche. »

Dételer deux chevaux. — « Pour dételer les chevaux, il faut les mêmes soins et le même esprit de méthode. On commence par desenrêner, déboucler les guides du dedans ou croisières, desserrer la chaînette pour avoir la facilité de défaire les traits, enlever le trait du dedans le premier, puis celui du dehors, les ramasser sur le dos du cheval, défaire entièrement la chaînette, porter le cheval en avant de toute sa longueur, en évitant qu'il rencontre le timon avec la croupe; procéder de la même manière pour l'autre cheval. »

Dégarnir deux chevaux. — « Il faut enlever la bride après avoir défait la gourmette, défaire la croupière, déboucler la sous-ventrière, enlever le harnais de dessous la croupe, le passer sur le bras droit comme nous l'avons indiqué pour le mettre, pousser le collier avec les deux mains jusqu'à la partie la plus mince de l'encolure, le retourner, le côté le plus large en dessus, et le retirer doucement de la tête; il va sans dire que le cheval sera placé tête à queue. »

Les traits de chaque cheval doivent toujours être égaux entre eux.

Le trait du dedans trop court fait tirer à la chaînette.

Les chaînettes seront modérément serrées. Si elles sont trop courtes, les chevaux tirent rapidement à la chaînette. Si elles sont trop longues, les chevaux flottent, surtout dans les tournants, et le timon balance trop. Mais il vaut mieux les avoir trop longues, surtout pour faire de la route, que trop courtes.

Nous avons parlé déjà, au chapitre du dressage, de la façon dont les guides et croisières devaient être ajustées.

Les chevaux seront plutôt attelés court. Le trait court, en effet, est moins fatigant que le trait long.

Les carrossiers ont, du reste, la manie de faire brancards et timons trop longs. Il vaut mieux que le siège soit plus élevé et qu'on ait bien les chevaux sous la main, attelés court, comme ils le sont généralement aux mail-coach.

CHAPITRE VII

PRINCIPES DE MENAGE A UN CHEVAL.

Position du cocher sur le siège. — Du fouet. — Tenue des guides. — Le doigter. — Ajuster les guides. — Marcher. — Marcher au trot. — Ralentir. — Marcher au pas. — Arrêter. — Tourner. — Reculer. — Remiser. — Conduite à quatre guides.

Position du cocher sur le siège.

Une fois le cheval attelé, aborder la voiture à gauche, prendre les guides à la sellette, les ajuster dans la main gauche. Monter en s'aidant de la main droite, ajuster les guides, saisir le fouet et s'asseoir les jambes demi-tendues et rapprochées l'une de l'autre, les coudes tombant naturellement près du corps bien droit, la main gauche dans la même position qu'à cheval, le pouce en dessus.

Le *coussin de guides* est souvent trop incliné; il ne faut pas être obligé de « se remonter » tout le temps sur son coussin. Je préfère ceux qui sont simplement plats, avec une très légère inclinaison.

On doit éviter de mettre les coudes en arrière et surtout de les ouvrir à tout propos. Seul le poignet doit travailler le plus près possible de l'axe du corps. Il n'est pas rare de rencontrer des gentlemen conduisant — comme ils montent, du reste — les coudes écartés, les mains à la hauteur du menton, ou dans le ventre, et le buste ridiculement penché en avant.

Le *fouet* sera dans la main droite et, dit M. le marquis de Mauléon, « tenu au tiers de la poignée dans la main droite, qui doit pouvoir manœuvrer indépendamment de la main gauche, lui porter secours dans les divers mouvements du maniement des guides et éviter de produire sur les guides un mouvement volontaire et intempestif.

« Il doit être dirigé en avant et à gauche, la monture un peu plus élevée que la poignée.

« Le fouet ne doit jamais être employé dans un mouvement de colère, jamais par vengeance... »

Le comte de Montigny ajoute justement qu'on doit tenir le fouet sans aucune espèce de contraction.

« Il doit être employé pour déterminer le cheval à se porter en avant, s'il ne répond pas à la voix, pour allonger ou ralentir (sans l'éteindre) son allure, pour stimuler son ardeur, pour le décider à prendre un parti, s'il hésite, ou pour détourner son attention au moment où il va commettre une faute ; on pourra s'en servir aussi à deux chevaux, pour régler la vitesse ou l'étendue des tournants.

« L'intensité du coup de fouet variera suivant la demande qu'on aura à faire au cheval, et suivant son degré de sensibilité, elle variera de la caresse au coup de fouet sec et piquant. On évitera autant que possible, lorsqu'on aura plusieurs chevaux en main, de faire siffler la mèche.

« On devra toucher les chevaux autant que possible sur l'épaule ou sur les côtes. On évitera de les fouetter sur la croupe.

« Pour que le fouet produise son effet et qu'il donne au cheval l'impression de l'impulsion en avant, il faut baisser d'abord la main qui tient les guides pour lui laisser la liberté d'étendre son encolure. Le coup de fouet devra tomber à ce moment-là ; ce n'est que lorsque le cheval aura répondu en avançant, allongeant ou augmentant son allure, qu'on le reprendra dans la main. Si le cheval ne répond pas, on appliquera, *crescendo,* un second, une série de coups de fouet ; mais on cessera toujours aussitôt la réponse donnée.

« Il sera bon de commencer par des coups de fouet très légers, si on ne connaît déjà la sensibilité du cheval. On mesurera souvent mieux l'intensité de la demande par de petits coups de fouet répétés que par un premier coup plus violent.

« Lorsqu'on voudra décider un cheval à prendre un parti ou qu'on voudra détourner son attention, le rôle de la main de guide ne sera plus le même ; la main devra, dans ce cas, maintenir énergiquement la tête du cheval, avant, pendant et après le coup de fouet, afin de le soutenir.

« Se servir du fouet n'est pas chose facile ; bien peu de gens savent en faire usage, surtout en modérer et en approprier l'emploi. »

Certains sportsmen, et des plus autorisés, proscrivent l'emploi du fouet comme aide. Ils ont tort d'être si absolus. Un appuyé de la monture, un enveloppement moelleux et lent du flanc peuvent très bien pousser le cheval attelé seul dans son tourner. Le fouet sert aussi, dans l'attelage à deux, à faire allonger l'allure du cheval du dehors, dans le tourner, ou du moins à l'empêcher de s'arrêter.

Il faut éviter de fouailler continuellement des chevaux paresseux ; un bon coup de fouet réveillera davantage une paire de rosses qu'une continuelle série de caresses de la mèche, accompagnées d'onomatopées plus ou moins ridicules.

L'appel de langue seul est permis. Le pull-hop ! ne doit pas non plus être employé ! Il l'est le plus souvent par le bon Beauceron, jardinier, cocher à ses moments perdus et lorsqu'il conduit madame à la messe ou aux commissions à la ville voisine.

En poste, les vieux cris français sont de mise. Le « hue », le « hioup ! hie ! » etc., ne sont jamais déplacés dans la bouche d'un postillon à la veste galonnée d'or, au chapeau en cuir bouilli, et conduisant de bonnes postières en bricoles, à grelottières, avec des queues de renard.

Celui-là a en guise de fouet une bonne chambrière. Il peut en faire claquer la mèche. Celui-là aussi se sert de son fouet comme aide ; et les cochers des « Paulines » (voitures à quatre et six chevaux pour les courses) conduisent leurs chevaux au fouet, ainsi que les postillons des anciennes diligences nationales, impériales ou royales.

« Combien de fois, écrit Howlett, quand le cheval ne

fait pas tout à fait bien, arrive le coup de fouet donné mal à propos! J'ai dit bien souvent que c'est le cocher qui devrait recevoir les corrections, et non le cheval. Je n'ai jamais aimé battre les chevaux, et, avec des traitements doux, je suis arrivé à obtenir ce que je voulais d'eux, mieux qu'avec la brutalité.

« A mon point de vue, un cheval a besoin du fouet quelquefois pour un passage difficile ; alors je frappe fort une ou deux fois, et, dans ce cas, je laisse une marque. »

Tenue de guides. Tenue à l'anglaise, d'après le comte de

Montigny. — « Les guides sont séparées dans la main gauche par deux doigts. La guide gauche est placée sur l'index et la guide droite entre le médius et l'annulaire, troisième et quatrième doigts, et l'excédent des guides sortant du bas de la main...

« Comme il est impossible de mener d'une main, au moins dans certains cas, et que d'ailleurs on ne peut ajuster et raccourcir les guides sans le service de la main droite, nous allons indiquer, continue M. de Montigny, la pose et l'emploi de cette main.

« La main droite doit venir se placer à la même hauteur que la gauche et à une distance d'environ six centimètres de celle-ci ; elle saisit la guide droite, le côté lisse en dessus, avec les trois premiers doigts, le petit doigt en dehors ; elle allonge un peu cette guide, en la faisant glisser de la main gauche, et alors forme avec cette même main gauche un carré, en sorte que les guides semblent tenues séparément à deux mains, quoique cependant elles ne soient fixées et réunies que dans la main gauche. Le travail de la main droite est donc secondaire, quoique indispensable. »

Il ne faut pas cependant exagérer l'importance du carré. Son emploi constant immobilise la main droite. Celle-ci doit être réservée pour le fouet, le frein. Il faut au moins pouvoir, sans gêne, retirer la cigarette de la bouche et saluer à temps les personnes de votre connaissance qui passeraient à portée. Mais pendant la période du dressage, il faut se servir du carré le plus souvent possible. Il ne faut pas non plus conserver la position du cocher russe, lequel conduit, une guide dans chaque main, ses « furieux » tirant « comme des voleurs ».

Le doigter. — Pour conduire d'une main, écrit le comte de Montigny, et pouvoir se servir de son fouet, il faut savoir doigter. On entend par doigter, serrer une guide en laissant l'autre glisser graduellement, ce qui est indispensable dans les changements de direction et les mouvements circulaires.

Aussitôt qu'un cocher sait exécuter ses changements de guides, il faut l'exercer, sur un terrain propice, à conduire d'une main pour qu'il prenne de la dextérité et se rende compte de l'action réciproque de ses guides. Lorsque les chevaux peuvent être conduits presque uniquement de la main gauche, le cocher doit poser seulement sa main droite sur sa guide droite, un peu plus bas que la main gauche, et seconder ainsi d'une manière invisible les effets de sa main gauche; c'est la pose la plus généralement admise pour la conduite des chevaux bien mis.

Ajuster les guides.

1° *Raccourcir les guides.* — Les guides étant tenues dans la main gauche :

Pour raccourcir la guide gauche, la saisir avec la main droite en avant de la main gauche. Celle-ci l'abandonne et la ressaisit en avant de la main droite.

Pour raccourcir la guide droite, la main droite viendra la saisir en arrière de la gauche. Ouvrir les deux derniers doigts de la main gauche, dans laquelle on fera glisser en arrière la guide de la longueur nécessaire.

Pour raccourcir les deux guides, on peut employer l'un des deux systèmes. On peut encore raccourcir les guides en les saisissant dans la main droite, les ongles en dessous, en avant de la gauche, qui les abandonne et vient les reprendre, les doigts ouverts, en avant de la droite.

Fermer ensuite la main gauche et abandonner les guides de la main droite.

Lorsqu'une des deux guides est trop longue, il faut serrer cette guide au moment du raccourcissement; l'autre viendra s'égaliser.

2° *Pour allonger les guides.* — Les saisir avec la main droite en arrière de la gauche, qui glissera en arrière en desserrant les doigts et se fixera à la distance cherchée.

Ajuster les guides. — Le carré étant formé, on peut encore allonger ou raccourcir les guides par de simples mouvements des poignets.

Pour allonger la guide droite : tourner le poignet, les ongles en dessous.

Pour la raccourcir : moyen inverse.

Pour allonger la guide gauche : tourner le poignet, les ongles en dessus.

Pour les raccourcir : moyen inverse.

« Supposons les deux guides séparées et formant le carré, dit le comte de Montigny, le cocher veut raccourcir ses guides et les rajuster : il ouvre sa main droite en serrant sa guide entre le petit doigt et le quatrième, puis rapporte sa guide gauche dans la main droite en l'appuyant sur l'index, referme la main droite sur ses deux guides qu'elle tient momentanément, les lâche de la main gauche et vient les reprendre par devant la droite, avec cette même main, en étendant le bras de toute sa longueur, dans la position précédemment décrite, c'est-à-dire en les séparant des deux premiers doigts. Il faut, pour que le changement de guides se fasse vite et correctement, que le cocher prenne l'habitude de former la fourche avec sa main. »

« Même pour le menage à un ou deux chevaux, bien peu de cochers, dit Howlett, amateurs ou professionnels, se rendent compte où les guides doivent passer dans la main pour donner la plus grande force possible, avec le minimum d'efforts : c'est sur l'attache de l'index dans la main gauche et sur l'attache du petit doigt dans la droite. »

Marcher. — Au moment où le départ est demandé, il faut baisser un peu la main, ou desserrer les doigts, pour donner de la liberté à l'encolure du cheval. On l'appuiera du fouet ou de l'appel de langue, suivant son degré de sensibilité.

Presque tous les mauvais départs proviennent de l'à-coup donné sur la bouche par les gens inexpérimentés. On accule ainsi le cheval au lieu de le laisser se porter sur les épaules pour démarrer et prendre possession du poids de la voiture.

Il faut aussi partir au pas. Le cabrer au départ a pour cause unique : l'à-coup sur la bouche et l'essai de départ au trot de pied ferme.

Une fois le cheval en marche, rechercher progressivement le point d'appui qu'on devra constamment conserver.

Marcher au trot. — Pour prendre le trot, desserrer les doigts pour rendre au cheval; un cheval bien dressé doit, en quelque sorte, prendre autant d'allure qu'on lui donne de guides.

Ralentir, marcher au pas, arrêter. — Ces trois effets s'obtiennent de la même façon, mais en agissant progressivement. Depuis serrer des doigts, fixer les poignets, mettre légèrement le corps en arrière, il y a toute une gamme qu'un bon cocher parcourra moelleusement. S'il persistait, le cheval serait amené au reculer. On doit donc rendre, une fois l'arrêt obtenu.

Il faudra, avec un cheval un peu chaud, se servir du terme « Holà! » qu'il aura connu au travail à la longe.

Si, par la rencontre d'un obstacle fortuit, il est nécessaire d'arrêter net, il est indiqué de raccourcir vivement

les guides. S'il faut absolument arrêter brusquement, la main droite viendra se poser à plat en avant de la main gauche, qu'on élèvera un peu; la main droite saisira les guides à pleine main. Le cocher mettra le haut du corps en arrière, fixera les coudes et les épaules ; l'arrêt sera souvent obtenu avant même que la main gauche, replacée en avant de la droite, ait repris sa pose habituelle, au moyen de laquelle elle régularisera l'arrêt.

Il est aussi souvent nécessaire, pour ralentir et arrêter, de raccourcir les guides. On le fera d'autant plus largement que le cheval a besoin d'être arrêté plus court.

Mais, nous ne saurions le répéter trop souvent, il ne

faut *jamais* tirer sur la bouche. En selle comme en voiture, le ralentissement et l'arrêt ne doivent s'obtenir que par le serrer des doigts et la fixité de la main.

Un gentleman anglais disait plaisamment à son fils, se plaignant de ce que son cheval tirait plus fort que lui : « Attache une corde à cet arbre et tire ! Tu vois que l'arbre tire plus fort que toi ! Laisse maintenant flotter la corde ; tu vois bien que ton arbre ne tire plus ! »

Tourner à droite ou à gauche. — Le cheval étant au trot, ralentir avant le tourner, en serrant les doigts, et, pour donner à droite, par exemple, tendre davantage la guide droite, la raccourcir au besoin, desserrer les doigts sur la guide gauche, au besoin l'allonger, mais *jamais la laisser flotter.* Elle a dans le tourner une importance capitale : elle règle le mouvement et empêche le cheval de précipiter le tourner ; inconvénient moins grave avec une voiture à deux roues qu'avec une voiture à quatre roues, qui verserait infailliblement sur un tournant trop brusque, aux allures vives.

Il faut donc toujours, dans le tourner comme dans la marche en avant, conserver l'appui, le soutien de la bouche du cheval. Une fois le tourner obtenu, rajuster les guides et repartir, s'il y a lieu, à l'allure primitive.

Pour tourner à gauche, on emploiera les mêmes moyens, mais inversement.

Tourner de pied ferme. — Porter le cheval en avant de deux ou trois pas, puis tourner comme il est indiqué ci-dessus.

Reculer. — Le cheval étant arrêté, fixer les poignets, serrer les doigts si les rênes sont assez courtes, sinon les raccourcir.

Si le cheval ne recule pas droit, c'est qu'il est acculé : le faire avancer d'un ou deux pas, puis demander le mouvement, s'aider du mot « En arrière ! » auquel le cheval, dans le travail à la longe, aura été habitué à obéir.

Au besoin, diviser l'appui en serrant alternativement les doigts sur l'une et l'autre guide.

Il faut, écrit le marquis de Mauléon, éviter toute espèce d'à-coup dont l'effet se produirait par une brusque éléva-

tion de la tête du cheval et par le dérangement de son équilibre.

Une fois le premier pas de reculer obtenu, faire une cession de main, puis demander le deuxième pas en arrière, et ainsi de suite, série d'exercices qui nous amèneront au remiser.

Il est nécessaire qu'à un moment quelconque du reculer, le cocher puisse remettre immédiatement le cheval en avant. Pour obtenir cet état de soumission parfaite, il convient de n'avoir pas un cheval en dedans de la main qui, sur la demande de reculer d'un pas, recule volontairement de plusieurs. On n'obtiendra ce résultat qu'en exigeant, au cours du dressage, que le cheval cherche la main au lieu de la fuir, ce qui arrive presque toujours avec les gentlemen et cochers inexpérimentés.

Le *remiser* est un reculer continu, jusqu'au point où il est convenable d'arrêter la voiture. Le terme vient de ce que, dans certaines occasions, le cocher rentre à reculons son véhicule dans la remise où on dételera le cheval.

Il sert aussi, surtout dans l'attelage à deux, à tourner dans un endroit trop restreint pour exécuter un tourner franc, même de pied ferme ; ou encore pour remiser la voiture sur le même rang que d'autres qui attendent, pour sortir d'une file, etc.

Il y a plusieurs sortes de remisers : direct, oblique, circulaire.

La retraite oblique ou remiser oblique sert pour aborder un point quelconque dont on ne peut s'approcher autrement qu'en reculant.

La retraite circulaire et la retraite oblique servent surtout pour l'attelage à deux.

Nous en parlerons au chapitre concernant cet attelage.

Maniement de quatre guides pour conduire un cheval. — Les deux guides, bouclées au filet et qui servent réellement à conduire, sont placées sur l'index et le second doigt de la main gauche. Les guides de sûreté sont sur le troisième et le quatrième doigt. La main droite opère ses changements, ses raccourcissements de guides, comme il a été dit plus haut. Les deux guides de sûreté restent toujours dans la main gauche, où le cocher les raccourcit au besoin avec sa main droite, l'une après l'autre, ou toutes deux à la fois, en les prenant en avant de la main gauche, ou enfin par le raccourcissement par derrière, que nous avons décrit pour l'attelage à deux et à quatre. Lorsque les chevaux, devenus trop lourds à la main, ont besoin de l'emploi du mors, la main droite vient se poser sur les guides de sûreté et en fait sentir l'effet simultanément, ou quelquefois même n'agit que sur un seul cheval, celui qui montre le plus d'action et de résistance à la main.

Beaucoup de gens croient faire montre d'un grand savoir en conduisant leur modeste « bourrin » à quatre guides; on s'imagine aussi que cette conduite nous amène facilement à celle du « four in hand »; c'est là une grave erreur.

« L'usage des guides de sûreté, dit le marquis de Mauléon, doit être très restreint. On doit se borner à les employer pour des chevaux dont les bouches sont égarées à la suite de menages défectueux, ou pour les chevaux très chauds qu'on soulage en changeant les points de contact du mors sur la bouche. »

En tout cas, ces guides supplémentaires devraient être de la même largeur que les autres, afin de ne pas glisser dans les doigts.

CHAPITRE VIII

Menage de deux chevaux. — Rôle du fouet. — Tourner. — Conduite à quatre guides. — Retraites. — Recommandations diverses. — Le tandem, dressage et menage en tandem.

Menage de deux chevaux.

Doigter, ajuster les guides, les raccourcir. — Mêmes principes que pour le menage d'un cheval.

Porter les chevaux en avant. — Mêmes principes que ci-dessus. Avoir soin d'appuyer discrètement du fouet le plus paresseux des deux chevaux, pour que le cheval le plus chaud ne s'empare pas à lui tout seul du poids de la voiture.

Marcher au trot. — Même observation que dans le paragraphe précédent, au sujet de la différence de tempérament des chevaux.

Le même principe sera appliqué dans les mouvements suivants :

Passer au pas.

Arrêter. — Mêmes principes que pour le menage à un cheval.

« Rien n'est difficile comme d'arrêter un attelage sans à-coup et sans acculement. Avec des chevaux bien mis, il suffit de serrer graduellement la main pour les faire passer du trot au pas, et du pas à l'immobilité. Il faut, pour un bon arrêt, que les chevaux y soient préparés quelques pas à l'avance, en les rassemblant de l'appel de langue ou du fouet, pour qu'ils se grandissent et s'assoient; il faut, au moment de l'arrêt, avoir, autant que possible, les guides dans une seule main, ajustées à point, pour éviter tout déplacement de poignet, et tenir le fouet tout prêt, la monture en bas, pour appuyer le cheval qui aurait une tendance à se retirer de ses traits et à perdre son appui sur la main. Lorsqu'on est sûr de la sagesse de ses chevaux, on appuie le fouet derrière le mantelet et sur le haut du flanc, et, par de petits coups qui ne sont presque qu'un toucher, on fait rentrer le cheval dans son collier, et on se hâte de lui rendre la main. » — (Comte DE MONTIGNY.)

Repartir, ralentir.

Tourner à droite et à gauche. — En marchant, de même que pour le cheval seul on maintient la guide du dehors, on doit, dans l'attelage à deux, bien maintenir le cheval du dehors, auquel on devra légèrement faire allonger l'allure, tandis que celui de l'intérieur la ralentira au contraire.

Pour le tourner de pied ferme, mouvement où les roues de derrière ne doivent pas changer de place, le cheval du dehors doit bien être dans les traits, et, le tournant terminé, l'attelage doit se porter immédiatement en avant.

Éviter que les chevaux ne prennent la déplorable habitude de reculer en tournant de pied ferme.

Conduite de deux chevaux à quatre guides. — La seule différence avec le menage à quatre guides d'un seul cheval, consiste dans un détail de harnachement. Les guides de sûreté sont plus petites et suivent les guides ordinaires en dessous, où elles sont maintenues par des passants fixes.

Maniement du fouet. — Le fouet, qui doit venir seconder l'appel de langue, sera manié au bout du bras droit. Pour donner le coup de fouet : abaisser le bras droit, mettre le fouet dans la ligne du bras, la monture en bas, et, par un mouvement moelleux du poignet, frapper le cheval à l'épaule, jamais sur la croupe.

Le coup de fouet se donne sur le cheval de gauche par un mouvement de la main de gauche à droite. Sur le cheval de droite on agit inversement.

Le remiser. — Voici la théorie de remiser empruntée au comte de Montigny :

« Dans la demi-retraite, un cocher a pour but de se rapprocher d'un mur, d'un trottoir ou de tout autre obstacle avec lequel sa voiture se trouve parallèlement placée. C'est alors une *retraite oblique*. Il est bien entendu que par cette retraite le cocher évite un grand circuit pour lequel l'espace lui manquerait. J'ai, par exemple, soixante-cinq centimètres (deux pieds) de terrain à prendre à ma droite, pour me dégager et pouvoir tourner à gauche, il faut que je place d'abord mes roues de derrière où je veux que soit ensuite toute ma voiture. Pour cela, j'amène mes chevaux sur place obliquement à droite, car, règle générale des retraites, on doit tourner la tête des chevaux du côté où l'on veut amener le derrière de sa voiture. Les chevaux ainsi placés, je les recule, et, jetant un coup d'œil à droite, je les arrête aussitôt que ma roue droite de derrière a atteint le point que je me proposais pour but; je redresse mon timon, puis le plaçant obliquement à gauche et reculant de nouveau, j'ai bientôt placé la caisse de ma voiture dans la position qu'elle doit occuper. Il ne me reste plus qu'à redresser mon timon une seconde fois, pour que ma demi-retraite soit complètement exécutée.

« La *retraite circulaire* ou le *bout pour bout* a lieu lorsque, se trouvant serré dans une rue étroite où l'on ne peut avoir tout le développement nécessaire pour tourner sa voiture, on replie son timon de manière à lui faire former un angle droit avec la caisse de sa voiture. Dans le premier cas, c'est-à-dire quand le timon est à angle droit avec la caisse, si, reculant sagement ses chevaux, on conserve le même angle pendant toute la retraite, les deux roues de derrière tournent sur le même cercle, et, par conséquent, quand le bout pour bout est terminé, elles sont restées exactement sur la même voie où elles se trouvaient d'abord. La voiture, pendant ce mouvement, a occupé le moins d'espace possible. Dans le second cas, c'est-à-dire quand le timon forme un angle de quarante-cinq degrés avec l'axe des roues de derrière, il donne l'impulsion à une seule de ces roues, tandis que l'autre s'immobilise; d'où il résulte, lorsque la conversion est faite, que la caisse de la voiture a pris toute sa largeur à droite ou à gauche, selon le côté où la conversion s'est exécutée. Par exemple, si, plaçant mes chevaux à droite, je fais une conversion à gauche, la roue droite se sera immobilisée, et la gauche, tournant autour d'elle, aura pris du terrain à la droite de la position première qu'occupait la voiture. C'est au moyen de ces retraites circulaires qu'on remise et qu'en un mot, on peut placer sa voiture dans les embarras de tout genre. Les *bout pour bout* se font le plus ordinairement lorsque, placée à une main près d'une porte cochère, une voiture doit immédiatement se représenter à l'autre; alors, au lieu d'une longue évolution, le cocher fait les mouvements suivants : je suppose sa voiture placée parallèlement à une porte qui est à sa droite; il veut l'avoir à sa gauche; il se dégage, en obliquant à gauche de quelques pas, assez pour mettre entre sa roue droite de derrière et le bord du trottoir la largeur de sa voiture, puis inclinant ses chevaux à droite, de manière à immobiliser sa roue droite comme je viens de l'expliquer, il recule ses chevaux, qui, soit dit en passant, doivent traverser aussi bien qu'ils reculent, et il les arrête lorsque sa caisse est placée parallèlement au trottoir. Il ne lui reste plus alors qu'à redresser son timon. Comme l'inclinaison du timon peut se modifier selon la largeur de la voiture, chaque cocher doit étudier et avoir pour ainsi dire dans l'œil l'angle qu'il doit former pour immobiliser une de ses roues, car le système de mobilisation des deux roues sur un même cercle est presque toujours inapplicable, surtout dans le cas que nous venons de décrire.

« La retraite entière, c'est le reculer direct, qui, comme nous l'avons dit, doit s'obtenir pas à pas, sous peine de devenir dangereux. On appelle *louvoyer,* faire des demi-retraites très étroites, et limitées par la position même qu'on occupe. Par exemple, je me trouve serré dans une file et je ne puis me dégager qu'en gagnant sur ma droite quelques centimètres indispensables à tout mouvement; je ne puis donc incliner mes chevaux que très faiblement, et par conséquent l'obliquité de mon reculer est presque insensible. Mais comme j'ai obtenu trois ou cinq centimètres (un ou deux pouces) par ma retraite, je reporte mes chevaux en avant, et, au moyen d'une seconde oblique qui me devient plus facile, je ne tarde pas à obtenir ce que je voulais, puisque chaque inclinaison de flèche, combinée avec un pas de reculer, doit amener une déviation des roues postérieures. »

Recommandations diverses, pour le menage d'un cheval, de deux chevaux, sur la route et en ville :

Un bon cocher devra arrêter le long du trottoir, du côté le plus commode pour la personne qui monte en voiture; il évitera de racler le trottoir avec les roues, de façon à ne pas en abîmer le vernis.

S'il ne peut aborder convenablement par un oblique, il s'approchera le plus possible et se rangera par une retraite suffisante, en redressant ensuite son cheval ou son timon.

Le départ doit avoir lieu sans à-coup; on obtiendra ce résultat en se conformant aux règles de dressage et de conduite relatées dans les chapitres précédents.

En marche et en arrêtant, éviter également les à-coups en ralentissant et en éteignant progressivement l'allure, en évitant de remettre brutalement un cheval sur son collier.

Prendre sa droite, la garder, dépasser les voitures à gauche. Dans les embarras de voitures, ralentir l'allure, mais bien conserver les chevaux dans le mouvement en avant, afin qu'au moindre desserrer des doigts ils filent et se dégagent rapidement. Il est plus facile de conduire, à Paris par exemple, un cheval raisonnablement chaud, qu'un paresseux ne songeant qu'à s'arrêter, ou profitant malignement de toutes les occasions pour passer au pas, mettant ensuite une insigne mauvaise volonté à repartir. Avec un pareil cheval, tous les accidents sont à craindre, en plus du ridicule dont se couvre son impuissant conducteur.

Aux croisements des rues, ou des chemins couverts, ralentir l'allure et se tenir prêt à modifier, s'il y a lieu, la direction.

Qui n'a été « coupé » par le bruyant attelage du boucher ou du coquetier?

En ville, lever le bras ou le fouet, lorsqu'on ralentit ou que l'on arrête. Malgré ce signal avertisseur, ralentir progressivement, si on ne tient pas à recevoir un bon coup de timon de l'omnibus qui trotte derrière vous et dont le cocher routinier sommeille.

Éviter le « fringaler » aux tournants, mouvement dans lequel la voiture, dont l'impulsion était en avant, conserve avec son train de derrière la première direction, tandis que son avant-train tourne trop rapidement. Il sera donc nécessaire de ralentir et, si on veut tourner vite, marquer une sorte de demi-arrêt, avant de tourner.

Ne pas chercher à arrondir les tournants trop aigus ; au contraire, il faut les prendre par des obliques.

Au passage des caniveaux, ralentir, marquer un léger oblique pour que les roues les passent successivement, ce qui amoindrira la secousse. A moins que le caniveau ne soit très léger, auquel cas on pourra le passer droit.

Lorsqu'on longe des rails de tramways, éviter que vos roues ne s'y prennent. Les changements de direction se font par un oblique assez fort pour que la roue n'entre pas dans l'évidement des rails.

J'ai vu des chevaux flanqués par terre, par le brusque redressement imprimé alors aux brancards.

Traverser au pas les passages à niveau.

Ne pas arrêter les chevaux le nez contre la barrière du chemin de fer, si elle est fermée. S'arrêter à une dizaine de mètres; un aide caressera les chevaux, s'ils ne sont pas habitués à la vue et au bruit du train.

Nous terminerons ces quelques conseils par celui de M. Lenoble du Teil : pour bien conduire, se tirer des difficultés de la rue et du dressage de chevaux difficiles, « il ne suffit pas de savoir faire, il faut oser faire ».

L'ATTELAGE EN TANDEM.

J'ai extrait une partie des principes et des conseils qui vont suivre de l'intéressant ouvrage du duc de Beaufort : *Driving*. Lady Georgiana Curzon, une sportwoman émérite d'outre-Manche, a spécialement écrit dans ce livre le chapitre du *Tandem driving*.

C'est une erreur d'atteler deux chevaux en tandem à *une voiture* légère. Il faut qu'elle ait un certain poids pour avoir plus de solidité et ne pas fringaler constamment au moindre changement de direction souvent involontaire avec les débutants dans l'art du menage.

On fabrique, spécialement pour le tandem, de hautes voitures, sur d'immenses roues. Une mécanique à levier permet de déplacer instantanément le siège en avant ou en arrière pour bien équilibrer le véhicule. Avec ces sortes de voitures, le weeler (cheval de brancard) est près du garde-crotte et bien sous la main du conducteur.

Mais elles versent facilement, et, à tout prendre, il vaut mieux une charrette ordinaire, c'est-à-dire pas trop basse, de façon qu'on puisse bien dominer son attelage et voir par-dessus la tête des chevaux ce qu'il y a devant eux.

Avec des poneys de 1^{m},45 à 1^{m},50, une bonne hauteur de roues est de 1^{m},48 de diamètre.

La voiture doit être large, pour que la personne qui conduit ne soit pas gênée dans ses mouvements. Elle

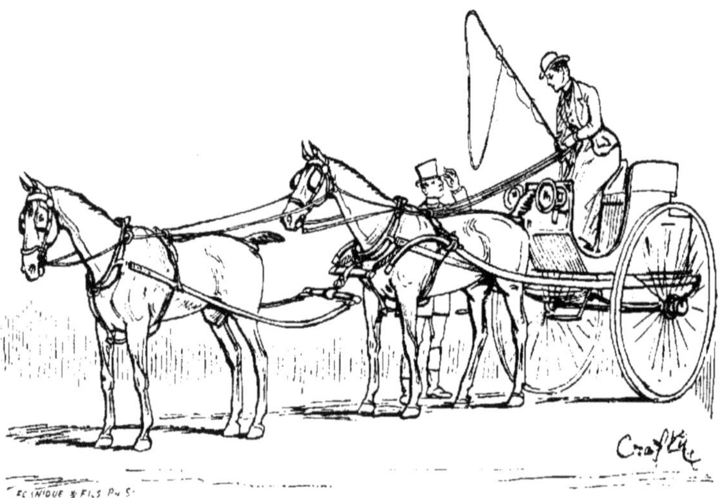

doit aussi être à la voie, afin d'avoir moins de ballant et ne pas rouler penchée d'un côté dans un mauvais chemin à ornières.

Le meilleur moyen de *dresser son leader* (cheval de volée) est à pied avec les rênes longues. On fait exécuter de nombreux changements de direction, entremêlés de marcher droit, afin d'habituer le cheval à tourner sans l'appui ou la gêne du brancard. Au bout de quelques jours, ce cheval pourra être attelé en leader de confiance.

Il vaut mieux avoir un cheval sage comme cheval de brancards que comme cheval de volée. Ce dernier peut

ATTELAGE EN TANDEM

être troublé dans son travail par les incartades du weeler et avoir son dressage absolument compromis.

Les *harnais* de tandem doivent être le plus simples possible. Que tout y soit propre et que la moindre courroie ou boucle ait son utilité.

Le weeler aura un harnais simple pas trop lourd. Les clefs de la sellette seront séparées par une barrette, pour diviser les guides.

La bride du weeler portera des clefs de têtières rondes et cousues sur la sous-gorge, à l'endroit où se trouve généralement l'anneau de la panurge.

Le leader sera embouché en filet. Le poids des rênes seul suffira pour en faire une embouchure suffisante.

Les guides du leader passeront dans les clefs de têtière et d'attelles du weeler. On peut, si on le préfère, se dispenser de les faire passer dans les clefs de sellette de ce dernier. Mais ces longues guides flottantes ne sont pas d'un effet élégant. Une barrette, au milieu de ces clefs, les séparera, si on les y fait passer.

La sellette de leader doit être très légère; elle sert seulement de porte-traits.

Certains aiment la sellette longue et étroite, d'autres plus courte et large; affaire de mode et de goût.

On doit apporter tous ses soins à l'ajustement des traits. Rien n'est plus laid que des traits trop longs; de plus, c'est très dangereux, car, dans les tournants courts, un trait peut presque traîner par terre et le leader peut l'enjamber, et même le weeler, quand il est un peu entreprenant.

Cet inconvénient est supprimé par l'emploi d'un palonnier agencé d'une façon spéciale.

En aucun cas, les traits du leader ne doivent être fixés — comme je l'ai vu souvent — à l'extrémité du brancard, mais bien aux traits de weeler; il y a plusieurs sortes de mode d'attache, les plus simples sont les meilleurs.

La *distance* entre les deux poneys sera d'environ 0m,95, ou même moins, selon le goût du conducteur.

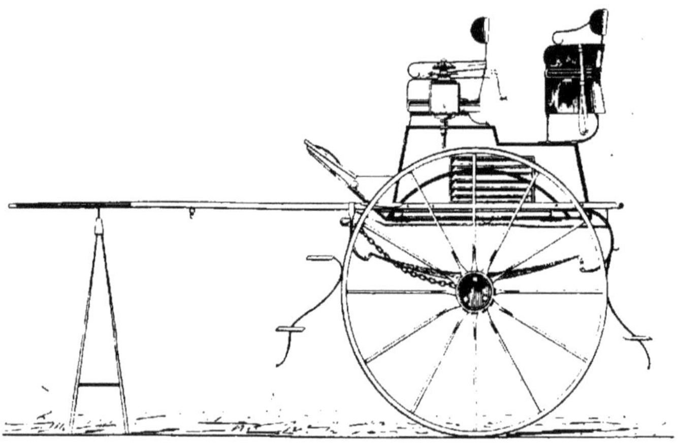

DOG-CART TANDEM

Appartenant à M. le Vte Charles de La Rochefoucauld.

Mais il faut que l'ensemble ait l'air très compact.

Il n'y a aucun avantage à mettre une grande distance entre ses chevaux. Au contraire, l'attelage a l'air décousu et on a plus de difficulté à conduire son leader.

Il faut donc avoir ses chevaux pris, en leur laissant cependant la distance nécessaire pour que le weeler puisse développer son action, s'il en a.

Le menage du tandem. — Que la voiture soit parfaite,

les animaux bien dressés, les harnais ajustés et corrects, cela ne sert de rien si l'on ne sait s'en servir en conduisant avec adresse.

Pour bien apprendre à conduire en tandem, la théorie ne suffit pas, la pratique seule est utile.

Mais il faut pourtant que les débutants s'astreignent à

suivre certaines règles prescrites par l'expérience, afin de ne pas contracter de mauvaises habitudes dont ils se déferaient difficilement.

Tenue des rênes. — La tenue des rênes dite à l'anglaise est la seule pratique, car elle ne fatigue pas le petit doigt :

Guide gauche du leader, sur l'index.

Guide gauche du weeler, sur le médius.

Guide droite du leader, sur le médius et sur la guide gauche du weeler.

Guide droite du weeler sur l'annulaire.

Avant de monter en voiture, — car on monte à droite comme dans l'attelage à quatre, — on ajustera les rênes

16

dans la main droite. Aussitôt sur le siège, on les placera dans sa main gauche. Le fouet sera pris dans la main droite avec sa monture enroulée selon les règles.

Immédiatement avant le départ, il faut sentir la bouche de ses deux chevaux, et faire légèrement reculer le leader — un demi-pas, ou un pas — jusqu'à ce que ses traits soient lâches. De cette façon le conducteur pourra faire partir ses animaux ensemble, car, dans aucun cas, le leader ne doit tirer le premier.

Au bout de quelques pas, on rend au leader, qui alors doit se mettre dans son collier; de cette façon les à-coups dans le départ seront évités.

Il ne faut pas laisser le leader s'employer trop généreusement, sans cela le weeler passera son temps à retenir la voiture, et au moindre faux pas il peut tomber sur les genoux. Mais une fois tout bien en train, chaque animal doit prendre sa part de l'ouvrage.

La grande difficulté est de maintenir ses deux chevaux dans la même ligne. Cela arrive souvent, parce que les guides ne sont pas conservées ajustées.

La meilleure façon de remettre un attelage droit est d'allonger ou de raccourcir les guides qui sont entre le premier et le deuxième doigt, car la guide du dessus de ces deux guides est celle de droite du leader, et la guide en dessous, celle de gauche du weeler. Les chevaux sont ainsi redressés par cette action en sens inverse.

Les chevaux ont toujours tendance à prendre leur tournant très court. Il faut y faire attention dans un tandem et tourner sur le plus grand arc de cercle possible.

Quand le tournant est court, il fait demander un demi-arrêt au leader, de façon que ses traits flottent, car le weeler ne pourra jamais tourner la voiture, si c'est le leader qui la tire; de plus, il subirait une brusque traction latérale et pourrait être jeté par terre.

Pour tourner court à droite. — Marquer un demi-arrêt au leader. Puis la main droite vient saisir la guide droite du leader, à peu près à dix centimètres en avant de la main gauche, et demande le tourner du leader.

Pour empêcher le weeler de suivre en tournant trop

court, il faut tourner le poignet gauche, le pouce en dehors, et le porter vers la hanche droite, ce qui soutient ses guides du dehors et règle le tournant.

Pour tourner court à gauche, même méthode, mais moyen inverse. Pour régler le weeler, on portera le poignet gauche un peu à l'extérieur, ce qui soutiendra la guide droite du weeler.

Après le tournant, le raccourcissement de la guide directrice du leader est lâché et les chevaux doivent se trouver droits. Si votre harnais de leader comporte des palonniers, vous pouvez tourner beaucoup plus court, sans avoir aucune complication à craindre.

Il faut, *dans les descentes,* retenir le leader de façon à ne pas augmenter le travail du weeler qui retient la voiture.

Le conducteur doit toujours avoir ses deux chevaux, surtout le leader, sous la main, pour qu'ils sentent les moindres indications des guides. Rien n'est plus difficile à conduire qu'un leader en dedans de la main et qui ne veut marcher qu'avec des guides flottantes. C'est alors que doit intervenir l'intelligênt et habile usage du *fouet*. Le leader doit être touché sans bruit, de façon que son camarade ne s'en aperçoive pas.

Les Anglais nomment « a good whip » (un bon fouet) un bon cocher; c'est dire l'importance qu'ils donnent au maniement du fouet.

Un fouet de tandem pour poneys doit avoir 1^{m},55 de longueur de manche; la monture, 2^{m},45 environ.

La monture doit être roulée convenablement autour du manche, selon les règles d'un art fort difficile, et prête à se détendre avec la rapidité de l'éclair.

Le fouet est toujours utile, lorsque le leader a la moindre velléité de *demi-tour*, dont le plus souvent le conducteur a une bonne part de responsabilité : c'est simplement qu'une guide est trop tendue et l'autre pas assez, car il faut posséder non seulement un maniement parfait des guides, mais encore une connaissance machinale de leur position respective.

Avant de faire son demi-tour, le leader se bat généralement contre la main : c'est à ce moment qu'un coup de mèche le remettra droit.

Mais si la faute est déjà commise, tournez vivement votre weeler dans le même sens (c'est alors qu'on se rendra compte de l'utilité du palonnier), puis remettez tranquillement votre tandem dans la direction primitive et maintenez-y le leader avec le fouet, d'une façon proportionnée à sa mauvaise volonté.

Mais quand vous voyez un leader faire demi-tour, vous pouvez être assuré de l'une de ces deux choses : ou le conducteur ignore les principes de son art, ou il est forcé de conduire un leader mal dressé.

CHAPITRE IX

HISTORIQUE DE LA CARROSSERIE FRANÇAISE.

Les voitures à deux roues. — Charrette anglaise. — Brancards. — Roues. — Jantes. — Rais. — Bandages et pneumatiques. — Freins. — Ressorts. — Lanternes. — Forme des voitures. — Voitures anglaises, américaines. — Essieux à billes. — Couleur des voitures. — Voitures à quatre roues. — Mail-phaéton. — Curricle à pompe. — Tirage et traction ; lois mécaniques.

Historique de la carrosserie (1). — Sans remonter aux chariots attelés de bœufs des rois fainéants, quand on pense que l'usage des carrosses ne date que du seizième siècle, on s'étonnera d'autant plus du chemin parcouru en si peu de temps par cette industrie. D'après Sauval, la première personne qui eut un carrosse à Paris fut la fille d'un riche apothicaire du faubourg Saint-Antoine. Ce carrosse était, paraît-il, suspendu avec des cordes et

(1) Cet historique est emprunté au numéro de janvier 1890 de la *Carrosserie française*.

des courroies, et l'on y montait au moyen d'une échelle de fer.

En 1650, le duc de Roannez obtint de Colbert le privilège d'établir dans Paris des carrosses publics, dont la mode adoptée par Louis XIV fut bientôt suivie par la cour et par la ville, et les dames renoncèrent peu à peu à leurs chaises à porteurs.

Plus tard, l'établissement du duc fut cédé à un particulier qui le transporta rue Saint-Antoine, à l'enseigne du Grand Saint-Fiacre, et de là le nom que les voitures publiques ont conservé jusqu'à nos jours.

Sous Louis XIV, on construisait des carrosses qui étaient de véritables monuments, lourds, majestueux, et dignes en tous points de transporter le Roi Soleil et son auguste cour.

Ces carrosses, qui étaient resplendissants de sculptures et de dorures à l'extérieur, et garnis des étoffes les plus précieuses rehaussées d'or, d'argent et de diamants à l'intérieur, sont réellement, malgré leur aspect architectural, les débuts sérieux de la carrosserie que tous les autres peuples imitèrent à l'envi.

Les carrosses construits sous Louis XV et sous Louis XVI furent moins lourds, moins massifs, peut-être moins imposants, mais beaucoup plus gracieux et plus légers, et les spécimens de voiture de cette époque que l'on admire au musée de Cluny, à Paris, disent assez que, seulement sous ces trois règnes, la voiture royale, cérémonieuse et de gala, avec toutes ses somptuosités, fut à son apogée, jusqu'au moment où on commença à sacrifier le luxe à l'utilité et à préférer la vitesse à la splendeur. Aux majestueux genets d'Espagne, attelés aux carrosses monumentaux et les véhiculant avec solennité, avaient succédé des chevaux de race anglaise, moins grands, moins gros, infiniment moins majestueux, mais beaucoup plus rapides, pour lesquels il a fallu construire des voitures plus légères et qui, naturellement, ne permettaient pas de déployer le luxe d'ornements qui distinguait les voitures qui les avaient précédées.

Pendant les guerres de la République et de l'Empire, l'industrie de la carrosserie fut complètement anéantie chez nous; mais elle continua ses progrès en Angleterre, dont ce peuple pratique appréciait surtout les voitures lorsqu'elles étaient faciles à traîner et douces pour le voyageur.

Les carrossiers anglais prirent le devant et devinrent nos maîtres. Sous le premier Empire, les voitures anglaises jouirent en France d'une véritable vogue, et, malgré les soins apportés et les richesses accumulées dans la construction du carrosse de la cérémonie du sacre de Napoléon Ier, cette voiture a un aspect mesquin et bourgeois lorsqu'on la compare aux carrosses fastueux du grand roi Louis XIV. A partir de cette époque, la carrosserie en général rivalisa de zèle pour satisfaire aux besoins toujours croissants des voyageurs, qui se développaient dans toutes les classes de la société. Le commerce, l'industrie, en prenant une extension considérable, favorisaient la construction de véhicules de toutes sortes et de toutes formes, qui répondaient aux nécessités qui naissaient chaque jour.

La carrosserie belge avait fait de grands progrès à cette époque, et occupait en Europe le deuxième rang après la carrosserie anglaise. L'Autriche fabriquait également beaucoup, et sa carrosserie se répandait en Allemagne, en Russie et en Orient.

La Pologne et la Russie nous envoyèrent le wurch et le drowski; l'Allemagne, la berline; la Belgique, la lilloise; l'Angleterre, la chaise de poste, le coupé, la calèche, la victoria, le mylord, le landau, les breaks et les dog-carts de toute sorte.

A partir de 1835, la carrosserie française commence à reconquérir peu à peu le terrain qu'elle avait perdu, mais toujours en s'inspirant des produits anglais.

Les Anglais passaient pour construire des voitures plus solides que les nôtres.

L'acier et le fer avaient fait chez eux de grands progrès, et ils étaient réputés universellement pour faire des ressorts inimitables.

Nous prenions nos aciers en Angleterre, et presque tous nos carrossiers français de cette époque allaient très souvent à Londres pour copier les voitures nouvelles.

On adoptait les formes anglaises, mais on les francisait par le goût, le luxe et l'ornement.

Petit à petit l'opinion générale fut que, si les Anglais construisaient des voitures très solides, les Français construisaient des voitures d'une élégance parfaite.

On aurait pu croire que l'invention des chemins de fer aurait porté un coup fatal à la carrosserie; mais, au contraire, cette merveilleuse innovation, en facilitant les transactions commerciales et autres, amena un surcroît de travail à la carrosserie.

Depuis cette époque, aussitôt qu'une nouvelle voiture anglaise était introduite en France, on était unanime à constater l'excellence de ses applications et sa solidité, mais on déplorait en même temps son aspect massif et la grossièreté relative de sa construction. Heureusement le bon goût inné de nos fabricants français était là pour remédier à ce manque de gracieuseté dans les formes reproché à juste titre aux véhicules anglais. C'est ainsi que le mail-coach, la victoria, le landau, etc., furent successivement importés en France, que successivement ils subirent de telles modifications, de si grandes améliorations, qu'ils furent transformés à ce point qu'ils n'ont, à l'heure présente, plus rien de britannique que leur nom d'origine.

La voiture la plus pratique, lorsqu'on aime le cheval, est la *voiture à deux roues*. Avec elle, on est plus près de son cheval, on le « sent » beaucoup mieux.

Une *charrette anglaise* et un buggy seront les deux voitures qu'il sera utile de posséder. Sans entrer dans les détails des changements apportés annuellement à la forme de ces véhicules, je citerai, d'après le *Guide du carrossier*, comment, théoriquement, une charrette anglaise doit être établie. Cette citation permettra aux gentlemen de se rendre compte pourquoi le carrossier ne peut souvent déférer à leur désir et, d'après les dessins d'un amateur peu instruit en mécanique, faire une bonne charrette anglaise ou toute autre voiture à deux roues.

Charrette anglaise. — Le premier soin du charron pour monter une charrette est de fixer sur le plan, le plus exactement possible, l'emplacement de la verticale qui contient le centre de gravité de la voiture montée en charge, afin de placer le centre de la roue sur cette verticale, dans le but de ne faire exercer au cheval qu'un effort de traction. La longueur de la caisse, la ferrure, et surtout l'emplacement de la limonière modifient d'une voiture à l'autre l'emplacement du centre de gravité. Toutefois, dans les charrettes à quatre places de dimensions usuelles et destinées à un cheval de moyenne taille, l'expérience a démontré que le centre de gravité tombait sensiblement aux trois quarts de la profondeur de la parclose de devant, à compter de l'avant.

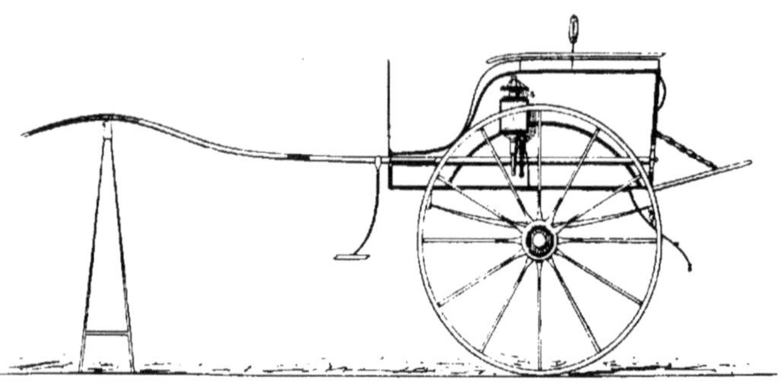

CHARRETTE ANGLAISE.

Le diamètre des roues est communément de $1^{m},30$.

Si on avait en vue de monter la caisse aussi près que possible de terre, l'écartement à laisser entre celle-ci et l'essieu pour la flexion des ressorts, soit environ $0^{m},140$, déterminerait sa hauteur de terre. Mais la charrette anglaise n'est pas une voiture de dame; de plus, elle est généralement attelée d'un cheval de bonne taille, que l'on tient mieux étant un peu élevé : il s'ensuit que c'est le propre de cette voiture d'être un peu élevée.

La limonière est à sa place à la dossière et le cheval à l'aise dans ses allures, lorsque le milieu de l'arrêt de dossière se trouve à une distance du palonnier égale à sept fois la huitième partie de la hauteur du cheval et à une distance du sol égale à trois fois le quart de cette hauteur. Si bien que pour un cheval de $1^m,60$, par exemple, ce point de la limonière se trouvera à $1^m,60 \times 7 : 8 = 1^m,40$ de l'extrémité du palonnier, à une hauteur du sol représentée par $1^m,60 \times 3 : 4 = 1^m,20$.

Le tableau suivant, dressé d'après ces formules, donne les longueurs et les hauteurs des limonières correspondant à des hauteurs variant de cinq en cinq centimètres, depuis $1^m,10$ jusqu'à $1^m,70$.

Hauteur du cheval.	Hauteur des limonières.	Longueur des limonières.
$1^m,100$	$0^m,815$	$0^m,960$
$1^m,150$	$0^m,860$	$1^m,000$
$1^m,200$	$0^m,900$	$1^m,050$
$1^m,250$	$0^m,940$	$1^m,090$
$1^m,300$	$0^m,975$	$1^m,140$
$1^m,350$	$1^m,010$	$1^m,180$
$1^m,400$	$1^m,050$	$1^m,225$
$1^m,450$	$1^m,090$	$1^m,270$
$1^m,500$	$1^m,125$	$1^m,310$
$1^m,550$	$1^m,160$	$1^m,355$
$1^m,600$	$1^m,200$	$1^m,400$
$1^m,650$	$1^m,240$	$1^m,440$
$1^m,700$	$1^m,275$	$1^m,490$

Les *brancards* d'un deux roues ne doivent pas plus peser sur le dos d'un cheval que ceux d'un quatre roues ; ils ne doivent même pas prendre appui sur les bracelets. Un modèle de voiture très bien équilibrée est celui des *Hansom cabs,* que l'on voit circuler à Paris depuis quelques années.

Le mérite de son invention, en 1834, appartient à Joseph Alaysius Hansom, architecte de la halle de Birmingham. C'est de là que provient le nom de cette voiture.

« L'homme qui tient à sa peau et qui a une voiture à deux roues doit regarder à ses brancards, dit Sidney. Jamais un brancard ne doit être traversé par un boulon. Il peut être maintenu par un bracelet ou tout autre mode d'attache, mais jamais par une tige de fer le traversant de part en part. C'est là qu'il cassera un jour ou l'autre. »

Dans le gros camionnage, le plus fort percheron ne

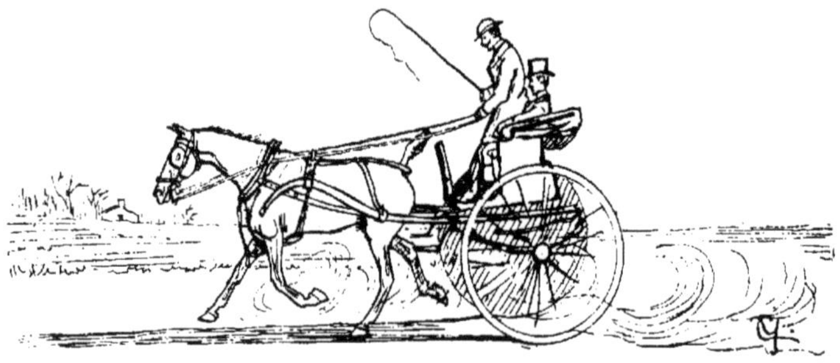

pourrait tirer ces énormes voitures chargées à plusieurs milliers de kilos, si elles n'étaient pas parfaitement équilibrées.

Ayez donc des brancards « jouant » tout le temps dans leurs bracelets, si voulez ménager les forces, le dos et le garrot de votre cheval.

De plus, une voiture ainsi attelée est beaucoup plus douce; on ne sent aucun ressaut produit par la cadence du cheval, et, si les ressorts en sont bons, vous vous trouverez dans votre charrette comme dans un fauteuil.

Très peu de cochers veulent atteler en équilibre. Leurs voitures « saignent toujours du nez », et la sous-ventrière est bouclée à fond.

Les *roues,* à moins qu'elles ne soient établies en merveilleux bois américain, avec la jante en deux parties, avec le moyeu en orme tortillard, ne doivent pas être trop minces.

Le *tour de la jante* est cerclé de fer. Cette ferrure peut dépasser un peu extérieurement pour protéger la peinture des éraflures que ne manque pas de faire l'approche d'un trottoir, par exemple.

Depuis quelques années, on fait ces bandages de roues en caoutchouc plein ou en *pneumatiques.*

Ces derniers ont une énorme supériorité.

Beaucoup de fabricants se sont ingéniés à fabriquer des pneus de voitures ; ils sont arrivés à un excellent résultat. Toutes les automobiles, voitures si lourdes, fonctionnent, sur de grandes distances, munies de ces bandages, sans crevaison ni dégonflement.

Je lis dans un compte rendu d'une conférence faite par *M. Michelin* sur l'emploi des pneumatiques, les renseignements suivants :

Dès 1848, un certain Thomsom céda à M. Writehurst, de Londres, une licence pour l'exploitation des « roues aériennes », décrites dans le *Mecanic's Magazine,* journal scientifique du temps.

Dès 1849, le pneu, d'abord formé d'une chambre à air enveloppée de cuir, est composé d'une chambre à air protégée par une enveloppe de toile et de caoutchouc renforcé à la partie en contact avec le sol. D'après de récentes expériences, l'application du pneu donne, dans la traction au trot, une économie d'environ :

12 pour 100 sur sol à peu près lisse et résistant (bon pavé sec, en pierre ou en bois, macadam neuf);

22 pour 100 sur les mêmes sols boueux;

33 pour 100 sur mauvais pavé irrégulier ou macadam ondulé;

50 pour 100 et plus sur les chemins à ornières, les routes très caillouteuses ou dans la neige.

A l'allure du pas, ces résultats sont moins favorables au pneu; ils lui sont plus favorables, au contraire, si la vitesse s'accélère et si le poids du véhicule augmente.

A l'encontre des pneumatiques, les *caoutchoucs pleins* sont plus tirants que le fer si le sol est dur et lisse (asphalte, bon pavé régulier, sec); un peu moins tirants que le fer dans un cas seulement, si le sol est mou, très irrégulier ou couvert de neige. Ils restent, d'ailleurs, toujours très inférieurs au pneu.

Les avantages du pneu sont, en outre, les suivants :

Les essais dynamométriques ont démontré que l'effort du cheval diminue, au trot, d'un tiers. Cette économie est d'autant plus forte que le sol est plus mauvais, puisqu'elle atteint près de 50 pour 100 sur un mauvais pavé ou une route défoncée. Comme conséquence, on pourra considérablement augmenter l'allure.

De plus, la suppression presque absolue des chocs et des trépidations assure une plus longue conservation au véhicule, qu'on pourra alors construire plus léger. C'est cette raison qui a fait adopter les pneus par des compagnies de fiacres. On sait que ces voitures font de soixante à soixante-dix kilomètres par jour.

En faisant usage des pneus, on rend la voiture absolument silencieuse, à tel point que la préfecture de police a exigé l'emploi d'un grelot avertisseur.

Les pneumatiques pour voitures crèvent difficilement.

Leur construction même et leur épaisseur à l'endroit où le caoutchouc est en contact avec le sol sont un sûr garant de leur increvabilité.

Leur durée est démontrée, à l'heure actuelle, par l'adoption des pneumatiques par trois compagnies de fiacres.

L'usure des pneumatiques, même sur les plus gros pavés, même dans les plus mauvaises routes, même sur des empierrements neufs, est extrêmement faible.

On a généralement quelque peine à croire qu'une paroi souple de caoutchouc et toile puisse résister à l'usure de la route. Le motif de cette résistance, c'est que derrière cette paroi mince se trouve un coussin d'air. Il en résulte qu'au contact des inégalités du sol elle peut changer de forme, se plier, se déplacer sans s'abîmer, parce que l'air, qui est derrière elle, se déforme et se déplace avec elle. — Il n'en est pas de même avec le caoutchouc plein, qui semble, au premier abord, devoir être beaucoup plus résistant. Le caoutchouc plein est pris entre les cailloux et le fer comme entre l'enclume et le marteau, et il est cisaillé.

D'ailleurs, l'usure ne porte que sur l'enveloppe ou sur son croissant; or, tous deux peuvent être facilement remplacés.

La transformation des roues pour recevoir des pneus peut être faite par un bon carrossier.

La maison Michelin fournit d'excellents pneus. Elle vend aussi, prêtes à être posées, des roues à pneus, avec rayons en bois ou en acier. L'effet de ces roues à large bandage étonne un peu notre œil habitué aux proportions de la carrosserie moderne; mais il faut pourtant que notre œil s'y habitue, car, d'ici cinq ans, toutes les voitures de luxe et d'utilité en seront munies.

Le prix d'un pneu de 1 mètre de diamètre est de 106 francs, et celui d'un pneu de $1^{m},45$ est de 141 francs.

Les bandages pneumatiques ne peuvent supporter le contact des freins. Il est donc nécessaire, si l'on fait usage d'un frein, d'employer un frein sur le moyeu.

En résumé, les avantages du bandage pneumatique

sont ceux-ci : confort, économie du matériel et économie de force.

Beaucoup de voitures de luxe possèdent des pneus, et, en 1896, la victoria et le coupé mis à la disposition de S. M. l'empereur de Russie étaient munis du pneu Michelin.

Les sulkys de course en possèdent aussi.

Le frein. — Beaucoup sont partisans de la « mécanique », d'autres ne se servent que du reculement pour retenir la voiture aux descentes. Quelques-uns, très prudents, combinent ces deux moyens. Plusieurs, téméraires autant qu'ignorants, méprisent toute espèce de frein et même d'avaloire.

Je cite ici quelques considérations techniques tirées du *Guide du carrossier :*

Le frein. — Parmi les moyens en usage pour diminuer la vitesse accélératrice d'un véhicule roulant sur une pente, le plus simple consiste à enrayer la roue en l'amarrant au corps du véhicule par une chaîne, une corde ou un levier.

Ce procédé, très simple en lui-même, offre des inconvénients qui ont amené l'emploi d'appareils plus perfectionnés.

Nous trouvons, en premier lieu, le *sabot,* qui vient se coincer entre la roue et le sol et qui est relié à la voiture par une chaîne.

Cet appareil élémentaire, nécessitant pour son emploi l'arrêt du véhicule, est peu pratique. Il a été remplacé par le *frein à vis et à patin* qui, tout en donnant, au point de vue de l'enrayage, de médiocres résultats, est d'un usage très répandu.

Son fonctionnement est basé sur ce principe de mécanique « que l'on gagne en force ce que l'on perd en vitesse » ; cette perte de vitesse étant obtenue par le serrage des patins sur le bandage de la roue. Ce frein ne peut produire le calage; si nous nous reportons aux expériences faites, nous trouvons que, pour caler une roue avec un patin de bois, il est nécessaire d'exercer sur le patin une pression au moins égale à celle exercée sur la roue correspondante, et que cette pression doit être triplée pour un patin métallique. Ceci s'explique en remarquant qu'il faut vaincre le frottement ou glissement du bandage sur la surface du patin.

La transmission de pareils efforts ne pouvant qu'altérer les organes de suspension de la caisse, oblige à n'avoir recours qu'au serrage et à abandonner toute idée de calage.

Une partie de cet inconvénient se trouve amoindrie, dans les voitures légères, par l'emploi des patins de caoutchouc, qui réduisent l'effort à exercer, et par l'adjonction de leviers qui augmentent la rapidité de l'action.

Les recherches pour arriver à la construction de freins puissants ont conduit à l'étude du *frein à enroulement.*

Il est facile de se rendre compte de leur puissance en se reportant à ce qui se passe quand un marinier arrête un bateau chargé au moyen d'une simple corde.

Les freins à enroulement sont de deux sortes, avec ou sans patins. Le *frein du capitaine Lemoine,* adopté par la Compagnie générale des omnibus, rentre dans la première catégorie.

Son principe est basé sur l'emploi d'une corde enroulée en hélice sur le moyeu, qui est muni d'une frette spéciale. Une des extrémités est libre, l'autre commande la barre d'attache des patins.

Si on vient à exercer une traction sur le bout libre de la corde, celle-ci, en se serrant, s'approche du moyeu jusqu'au moment où la puissance vive de la roue l'entraîne et provoque son rétrécissement, qui amène le serrage des patins contre le bandage de la roue.

L'action du frein est d'autant plus énergique que la puissance vive de la roue est plus grande, en sorte que le serrage peut aboutir rapidement au calage.

L'effet maximum est atteint et maintenu tant que la corde reste sous l'effort primitivement exercé.

Frein Gambaro. — Ce frein est à enroulement mécanique sans patins. Il offre sur les freins analogues un grand nombre d'avantages résidant dans sa simplicité, la solidité de ses organes et sa marche dans les deux sens avec une manœuvre unique.

La description en est trop longue pour rentrer dans le cadre de cet ouvrage. J'ajouterai seulement, à titre de curiosité, que le frein Gambaro, disposé pour serrer dans un seul sens, a été installé sur un avant-train, comme frein manœuvré par le cheval seul. Un ressort à boudin serre le frein, et un levier de renvoi, fixé au trait du cheval, l'ouvre.

Quand le cheval tire, le frein est ouvert, quand le cheval s'arrête, le frein se serre de lui-même, par le ressort. — En exerçant un effort différentiel, le cheval peut modérer le frein automatiquement.

Ces quelques mots indiquent les avantages pouvant résulter de l'emploi de ce système, en particulier dans le cas de voitures-tramways sans brancards en flèches. Le frein est indépendant du cocher et modérable par le cheval (1).

Il résulte de ceci que, si le frein à enroulement mû par une pédale est le plus puissant, le frein à manivelle ou à volant le plus lent, c'est le frein à levier avec sabots en caoutchouc qui est le plus pratique. C'est aussi l'avis de Howlett :

« La meilleure sorte de mécanique pour enrayer les roues, dit-il, est celle que l'on porte en avant dans sa crémaillère. De cette façon, plus la pression devient pénible, plus la position dans laquelle vous vous trouvez vous permet d'employer toute votre force.

(1) D'après C. Calmette, ingénieur des arts et manufactures.

« Celle que vous tirez à vous est le contraire, car plus la tension de la mécanique devient pénible, plus la position dans laquelle vous vous trouvez vous empêche d'employer toute votre force. Quand vous poussez la mécanique en avant, l'épaule gauche recule ; quand au contraire vous la tirez en arrière, cette épaule se porte en avant : cela produit un rendement de guides auquel les chevaux

répondent en se sauvant, et c'est tout le contraire qu'il faudrait leur faire faire. »

Les *ressorts*. — Il est très important d'avoir une voiture bien suspendue. Quel que soit le goût du propriétaire, il doit se souvenir des principes suivants avant de décider quels ressorts il fera mettre à sa voiture :

La force d'un ressort est en raison inverse du carré de sa longueur ;

La force d'un ressort est proportionnelle à son nombre de feuilles et à la largeur de l'acier ;

La force d'un ressort se mesure aussi par le cube de l'épaisseur de la feuille ;

La flexion d'un ressort est proportionnelle à sa charge.

Ces règles sont mathématiques ; cependant la qualité de l'acier et la bonté de la fabrication en modifient sensiblement l'exactitude.

Les ressorts en C ont été fort à la mode. Ils voient maintenant leur faveur diminuer beaucoup, bien que venue d'Angleterre. Ces ressorts, difficiles à remplacer, peu solides, sont de plus très durs.

Je leur préfère le vulgaire *ressort à pincette*.

Mais, incontestablement, le meilleur de tous les montages, comme solidité et suspension, est celui à *trois ressorts droits réunis,* dont le troisième se trouve sous la partie postérieure de la caisse.

Les *lanternes* fournies par les carrossiers de petite marque sont généralement de la camelote. Quand vous commandez une voiture, réservez-vous le droit d'aller choisir vos lanternes vous-même chez tel fabricant spécialiste, avec une lettre de commission fournie par votre carrossier.

Je doute que celles que vous choisirez soient aussi bonnes que les nouvelles lanternes américaines dites du « XXe siècle », lanternes pour bicyclettes, mais adaptables aux voitures ; au pétrole, système Pigeon, et munies d'un réflecteur parabolique, elles sont très puissantes, durent six heures et sont indéréglables.

La *forme* en vogue de la voiture à deux roues est cintrée sur les roues, et, à cause de la complication de la confection, elles reviennent à un prix élevé. Les voitures modernes, buggys, charrettes, dog-carts, cabriolets, sont d'aspect plutôt lourd et confortable.

Certaines personnes, pour être du Louis XVII le plus

pur, ajoutent un tambour, du plus hideux aspect, dans le panneau du dossier de leurs buggys.

Les *voitures anglaises* ont surtout un aspect confortable. La mode change lentement en Anglererre ; nous devons cependant au mauvais goût de nos voisins ces voitures si antisport, si incommodes, nommées governess-car de l'autre côté du détroit, et plus communément chez nous « tonneaux ».

CART-CAB, FORME CARRICK.

En Amérique, la carrosserie est très soignée, mais revient à 75 pour 100 plus cher qu'en France. Les modèles américains ne ressemblent nullement à ceux de France. Leurs voitures, comme leurs harnais, sont très légères et très solides. Les roues en sont minces et de grand diamètre. Elles sont en bois de hickory de deuxième croissance, les moyeux en bouleau noir. Presque toujours à pneumatiques, leurs essieux sont montés à billes.

La dernière invention des carrossiers américains, leur dernière nouveauté en « side » est le *Palo-alto,* sorte de phaéton à deux places, de l'aspect le plus saugrenu.

L'emploi des *essieux à billes,* dont je viens de parler, donne 37 à 47 pour 100 d'économie de traction. Il supprime le grippage, la rupture des fusées, le bruit des boîtes et du choc latéral.

Si vous êtes peu fortuné, achetez, comme vos selles, vos voitures d'occasion, mais qu'elles soient *à la marque du meilleur faiseur.*

Certains centres en France ont la spécialité des « voitures en blanc » : Dijon, Saint-Amand, Sancoins.

Ce sont ces manufactures qui fournissent à bon marché beaucoup de petits carrossiers. Ces derniers les barbouillent avec de la mauvaise peinture et font graver leur nom sur le chapeau de l'essieu, et le tour est joué.

L'idéal, comme commodité d'entretien, est la charrette en acajou ou en sapin verni. Cependant, on la néglige tellement, sous prétexte qu'elle a coûté bon marché et qu'elle ne « craint rien », qu'on finit par s'en servir, sale et décrépite, sans la moindre vergogne.

Quelle sera la couleur de mes voitures? demanderez-vous.

Mon Dieu! de celle qui vous plaira le plus.

On peut à la campagne avoir le train jaune : c'est la couleur qu'on peut raccorder soi-même le plus facilement et sur laquelle les taches paraissent le moins.

A ce sujet, voici quelques conseils donnés par Croqueville, dans *Paris en voiture* (*Nouvelle Revue,* 1891).

« Au commencement du règne de Louis-Philippe, il y avait encore beaucoup de voitures jaunes (la dormeuse de Mme de Bartellat, qui constituait une relique du siècle précédent, était jaune). Pendant les premières années de l'Empire, le prétendu bon goût voulut un instant qu'on choisît les couleurs foncées avec filets noirs ou sombres. L'usage fit vite justice de cette sobriété, car non seulement les taches paraissaient irrémédiablement sur ce fond, mais les couleurs elles-mêmes se ternissaient et se confondaient entre elles par la perte de leur brillant et de leur transparence. »

On adopta alors, d'une façon assez générale, le vert foncé, le brun et le bleu, mais avec filets rouges ou jaunes.

Cette peinture était jolie ou laide, selon que l'on faisait observer au peintre, consciemment ou inconsciemment, les lois qui régissent la réaction des couleurs entre elles, et que le vernis fût ou restât incolore, c'est-à-dire qu'il ne modifiât en rien, par une teinte acquise avec le temps, les tons qu'il devait recouvrir, lustrer, protéger, mais non modifier.

Les carrossiers ont une fâcheuse manie : celle d'additionner le vermillon de laque dans une proportion quelconque. Ce mélange a trois inconvénients : 1° le vermillon pur est joli et sévère malgré son éclat; de plus, il est solide ; — 2° le vermillon laqué est laid, délicat, et, par sa juxtaposition avec le bleu, donne un reflet violet ; — 3° enfin le vermillon étant une couleur toujours pure et uniforme, elle se prête à de fréquents, multiples et discrets raccords.

Ces deux dernières observations s'appliquent au bleu lorsque, pour le train où se trouvent les filets, on ne lui substitue pas le noir : c'est-à-dire que les raccords, toujours possibles sur le noir, ton uniforme, ne le sont pas sur le bleu, ton variable; ensuite le rouge placé à côté du noir ne donne pas le reflet violet qu'il donnerait à côté du bleu. Cette substitution est plus fréquente qu'on ne le croit ; car, à moins de présenter du bleu sur le train noir, on ne s'aperçoit du changement qu'à une apparence de franchise de ton qu'on ne trouve jamais à un train bleu avec filets rouges.

L'avantage des raccords possibles sur le train est très réel comme tenue et économie. En effet, ce n'est qu'en raclant les trottoirs, par obligation ou maladresse, « que la peinture des roues se défraîchit au cours d'une saison à Paris ».

« Quant à la transparence ou manque de couleur absolue du vernis, elle s'impose avec les voitures bleues, sinon le jaune que prend ce vernis verdit le bleu, au point de faire croire que vraiment c'est en vert qu'on a peint la voiture. La peinture de la caisse ne doit jamais demander de raccords. »

Quoi qu'en dise cet intéressant chroniqueur dont nous recommandons la série d'articles parus dans la *Nouvelle Revue,* une voiture sérieuse et de bon goût doit être foncée, avec filets également foncés. Mais avouons avec lui que l'entretien de ces voitures est très difficile.

Je n'entrerai pas dans de plus grands détails et ne décrirai aucune *voiture à quatre roues.* Elles doivent être établies avec beaucoup de soin et de goût. Les voitures (phaétons et breaks) sont aujourd'hui d'aspect lourd et carré, mais elles sont très pratiques. Lorsqu'elles sont bien construites, conformément aux données mécaniques dont je parlerai tout à l'heure, elles sont très roulantes, et l'effort de traction nécessaire pour les utiliser n'est pas aussi grand qu'on le croit communément.

Le modèle anglais du *mail-phaéton* est lourd et massif. Il est fort à la mode de nos jours.

« Tandis que la caisse en était grande et aussi forte que le permettaient le chêne et le fer, les ressorts étaient faits sur les modèles (télégraphe) adoptés par l'expérience pour les mails et les stages-coachs... »

PHAÉTON DEMI-MAIL, MONTAGE A PINCETTES.

Le conducteur, assis très haut et près des chevaux, pouvait parfaitement commander son attelage... Ces voitures roulaient si bien qu'elles étaient plus faciles à traîner que les autres voitures.

Pour un conducteur jeune et un ami, avec un ou deux grooms par derrière, il n'y a pas de voiture attelée à deux qui puisse rivaliser en agrément et en confort avec le mail-phaéton.

A la campagne, soit pour aller à un rendez-vous, soit à un dîner, soit même à un bal, aucune voiture n'est mieux calculée pour courir les routes avec « sécurité et vitesse », à l'allure aussi rapide que le comportent vos chevaux.

Le *curricle à pompe* est une voiture qui en général se fait peu. Mais comme de jeunes amateurs de chevaux

aiment assez à en conduire une paire, voici, d'après M. Lagard, comment on peut transformer une charrette anglaise en attelage à pompe.

A cet effet, on retire les brancards de limonière d'une charrette anglaise, par exemple ; on les remplace par de faux brancards se terminant, en avant du garde-crotte, par une gueule de loup destinée à recevoir les palonniers ; un collier et une douille de timon fixés sous la caisse reçoivent le timon. On voit que cette légère modification, appliquée à une voiture quelconque à deux roues, permet de mener un attelage à pompe sans entraîner à de grands frais.

La seule modification à apporter au harnais est de faire visser dans les sellettes des tiges en acier nommées poupées, qui reçoivent la traverse en acier dite traverse de poupées. Mais ces modifications doivent être faites avec grand soin et par un très bon fournisseur, sous peine

d'avoir des accessoires grossiers, impratiques et de mauvais goût.

NOTIONS DE MÉCANIQUE.

Le *tirage* des voitures est l'effort exercé par les chevaux attelés, dans un sens parallèle au terrain à parcourir.

Il résulte des expériences du général Morin — expériences dont les résultats ont été confirmés de nos jours par M. Lavalard — que :

1° Le tirage est proportionnel à la charge et en raison inverse du diamètre des roues ;

2° Le tirage augmente proportionnellement aux accroissements de vitesse.

Parmi les causes qui influencent le travail de la traction, il convient de citer : la nature des routes, la manière de conduire et de démarrer, la largeur des bandes, la suspension, l'inclinaison de la force de traction, l'écartement plus ou moins grand des trains, la répartition de la charge sur ceux-ci et la taille des chevaux.

Le *terrain*. — C'est le pavé qui est le meilleur sol pour le roulement des voitures. Si le cheval use davantage ses fers et ruine plus vite ses articulations, il ménage plus ses forces que sur tout autre sol. Viennent ensuite le macadam, l'asphalte et le pavé en bois, quand il est en bon état.

Lorsque le terrain est mou et boueux, le tirage diminue proportionnellement à l'accroissement de la largeur des bandes.

Pour les voitures bien suspendues, l'accroissement de vitesse ne donne pas un sensible accroissement de travail ; ce dernier augmente avec la vitesse sur des voitures non suspendues.

La neige rend la traction très dure.

Une rampe d'un centimètre par mètre exige un effort de tirage double qu'en palier; une rampe de deux centimètres rend cet effort triple ; de trois centimètres, quadruple.

Donc il vaut mieux trotter quatre kilomètres d'affilée en palier que de trotter un kilomètre pour s'élever de quarante mètres.

La manière de conduire et de démarrer a une énorme influence. D'après M. Lavalard, avec un bon cocher, une expérience a donné comme effort 275 à 350 kil. La même expérience, avec un mauvais cocher, a produit de 400 à 450 kil.

« Pour ce qui est de la charge, beaucoup de personnes

s'imaginent que le poids d'une voiture augmente dans des proportions énormes la résistance au roulement; des exigences sans nombre, et pour la plupart fort difficiles à satisfaire par les carrossiers, sont les résultats de cette idée.

« Prenons, par exemple, un coupé dont le poids à vide est de 500 kilos.

« D'après des expériences dynamométriques indiscutables, le rapport de la traction au poids de cette voiture est de 1/48, avec la hauteur de roues actuellement en usage, mettons 1/50 en chiffre rond pour la facilité de la démonstration (nous supposons la voiture placée sur un sol incompressible, absolument horizontal); donc, le 1/50 de 500 kil. = 10 kil. de traction, et avec un poids moindre de 500 kil., soit 450 kil., nous n'aurions plus que 9 kil., soit une diminution de tirage de 1 kil., une livre sur chaque épaule du cheval.

« Et c'est pour diminuer l'effort du cheval de cette piètre quantité que certains maîtres n'hésitent pas à demander des choses impossibles au carrossier, lequel, pour y souscrire, se voit obligé de sacrifier la bonne forme et la solidité de sa voiture. » (*Le Guide du carrossier.*)

Qu'on se souvienne, en effet, qu'un cheval pouvant porter au pas, sur son dos, 150 kil. et fournir un travail régulier, tirera normalement 1,500 à 2,000 kil.

Quant à l'écartement des trains, voici ce que nous dit à ce sujet M. Layard, dans la *Carrosserie française :*

« Une bonne voiture doit avoir les trains longs; la charge sera peu élevée du sol, les ressorts longs, qui donneront des réactions lentes. Les points d'appui dans les deux sens longitudinal et transversal seront le plus éloignés possible. »

En effet, le rapprochement des trains ne diminue le tirage que quand les grandes roues portent la plus grande partie de la charge ; donc, en reculant les petites roues sous la charge, on augmentera le tirage.

« Un autre inconvénient des trains rapprochés est celui-ci : comme les points d'appui dans le sens longitudinal de la caisse se trouvent rapprochés, le moindre caniveau traversé imprime une secousse assez persistante à la voiture.

« En ce qui concerne la résistance au roulement au tirage provenant des fusées d'essieux, le frottement de ces dernières sur les boîtes est proportionnel à la pression exercée par le poids suspendu sur les essieux. »

La taille des chevaux est un facteur très grand dans l'effort du tirage. A une voiture légère, il est inutile d'atteler d'énormes « viandards » hollandais et normands qui dépenseront beaucoup pour leur propre transport. Les fiacres, l'artillerie n'emploient pas de gros chevaux. Ils sont au contraire petits de taille, et je ne connais pas de plaisir plus grand que de dresser ou de conduire une paire de jukers hongrois, ou mieux de chevaux du Midi et du Limousin, pleins de sang, d'ardeur et d'intelligence.

CHAPITRE X

Entretien des harnais. — Des voitures. — Recettes diverses. — Mesures à prendre pour commander un harnais.

Entretien des harnais. — A la rentrée, aussitôt les chevaux dégarnis et pansés, il convient de laver à l'éponge toutes les parties souillées par la sueur du cheval. Ceci se fait en un tour de main et dans l'écurie même.

Un cocher intelligent a vite fait d'éponger les mamelles du collier, de la bricole, le dedans des mantelets, sellettes, culerons, etc., au moment même où il dégarnit.

Il porte ensuite les harnais dans la salle d'astiquage, les dispose sur des chevalets *ad hoc,* et les cire après avoir soigneusement enlevé la boue, et dès qu'ils sont secs.

Le cirage liquide « à l'Ancien Cocher » est un des

plus généralement employés, et avec raison. On se sert, dans les écuries du prince de Galles, de l' « Everett's liquid blacking », excellente préparation, mais fort chère.

On l'étendra avec la brosse à étendre, après s'être servi de la brosse à décrotter, pour finir enfin par la brosse à reluire. Cette dernière doit être de très bonne qualité, en soies excellentes, un peu longue, dure et dense.

Un peu de cire jaune, passée avec une brosse, fixe le brillant et assure une imperméabilité plus grande. Pour cette raison, les Anglais emploient volontiers une pâte noire : *Jameson Waterproof blacking*. On en trouve chez quelques bons selliers en France. Le travail manuel est plus rapidement et plus proprement fait qu'avec le cirage liquide. Nous en recommandons beaucoup l'emploi. Un cirage liquide qu'on étend au pinceau et qu'on laisse sécher vient d'être inventé par M. Chambaud, 34, rue Boissy d'Anglas. Ce « *Fox-harness* » ne brûle pas le cuir et lui donne un éclat très suffisant.

Lorsque des harnais doivent rester longtemps à la sellerie, il faut les oindre avec de l'huile de pied de bœuf ou de foie de morue. Cette dernière doit être préférable, car les rongeurs n'attaquent point le cuir qui en est enduit.

Cette huile doit aussi assouplir hebdomadairement les mamelles de collier, de bricole, et en général tout ce qui, à la longue, pourrait être brûlé, durci par l'acidité de la sueur et blesser le cheval à son contact.

Les *parties vernies des harnais* doivent être traitées avec un soin tout particulier. Essuyés avec une peau de chamois souple et moite et frottés avec un foulard de soie, ils reprendront vite un éclat parfait.

S'il s'y trouve quelques taches, les enlever au moyen d'un tampon d'ouate imbibé d'huile de lin.

Ils peuvent aussi être lavés au savon doux, mais, en hiver, toujours à l'eau tiède. On n'ignore pas, en effet, qu'il ne faut jamais mettre une paire de bottes sans les avoir fait chauffer, si l'on ne veut pas voir le vernis le plus parfait s'écailler comme de la vulgaire camelote.

Les cuirs vernis prennent un certain éclat, si on les frotte avec le *Meltonian Cream de E. Brown,* en vente chez tous les bons bottiers (pâte blanche très liquide, avec étiquette verte). Se servir d'un foulard en soie pour sécher et obtenir le brillant; en mettre rarement, car cette composition brûle le cuir. Le *vernis végétal* remplit le même office. Si on veut se servir d'un harnais dont les vernis sont tout à fait usés et éraillés, on pourra employer le vernis à cuir brillant et élastique de la maison Lefebvre frères, à Ronchin (Lille).

Ne vous servez, pour nettoyer les *chiffres en cuivre* des cuirs vernis, que de jus de citron, dont vous imbiberez un morceau de flanelle. Ayez soin de faire cette opération lorsque la « patience », découpée bien exactement, recouvrira les abords vernis des ornements. Les écailles d'huîtres calcinées et réduites en poudre nettoient excessivement vite et bien le cuivre noirci par un long manque d'entretien.

Les *plaqués argent* seront nettoyés au savon et de temps à autre avec de la poudre rouge à argenterie (rouge anglais) délicatement employée avec un morceau de peau de chamois.

Le *nickel* reprendra son éclat lorsqu'il sera frotté avec une peau enduite de blanc de Paris dissous dans de l'esprit-de-vin. Méfiez-vous des acides, surtout pour les bouclеries. Le cuir y adhérant serait vite brûlé par leur usage constant.

Le *brillant belge* peut être recommandé. Son innocuité est relative; il est d'un usage facile et propre. Mais, après s'en être servi, il faut essuyer soigneusement la boucle ou l'ornement entier pour bien enlever le surplus de poudre et l'humidité qui y seraient restées.

Le harnais remonté est aussitôt soustrait à la poussière et porté sur ses supports à la sellerie. Là, un dernier coup de brosse est donné pour faire reluire les endroits ternis par le bout des doigts.

Les *guides,* qui sont souvent, à l'endroit du frottement dans les clefs, enduites de particules de métal, doivent être lavées au savon et cirées comme les cuirs fauves, et bien brossées ou frottées pour acquérir du brillant.

Les *harnais en cuir fauve* prendront vite à l'usage une teinte foncée. On les entretiendra absolument comme les selles et les brides. (Voir : *Le cheval, soins pratiques.*)

ENTRETIEN DES VOITURES.

Le *Parfait Cocher,* en 1744, donnait à ses lecteurs le conseil suivant : « Il y a des cochers qui, connoissant la délicatesse de leurs maîtres pour la propreté de leur carrosse et surtout des roues, n'ont d'attention que pour elles et négligent le pansement des chevaux. Il ne faut négliger ni l'un ni l'autre. »

Le *Parfait Cocher* a raison; et les cochers de bonne maison, tout en ne négligeant pas leurs chevaux, lavent et nettoient leur voiture le plus tôt possible et cela à toute heure et par tous les temps, à moins qu'il ne gèle.

Un spécialiste en la matière, M. Brice Thomas, dans son journal *le Guide du carrossier,* nous donne des instructions très précises.

De l'entretien général. — Il n'est dans l'intérêt d'aucun maître de se servir trop tôt d'une voiture fraîchement

vernie, qu'elle soit neuve ou non. Cela est préjudiciable non seulement à l'éclat, mais encore à la durée de la peinture; quelques jours de repos permettent aux surfaces d'acquérir ce degré de brillant qui résulte d'un vernis bien sec et d'une complète finition. Pendant ce repos, on pratique de fréquents et soigneux lavages, qui ont pour propriété de durcir de plus en plus les vernis.

Après les premières sorties, il est indispensable de laver de suite une voiture, surtout par les temps pluvieux, car la boue séchant sur les panneaux y laisse des taches qui sont difficiles à faire disparaître lorsque la composition du sol contient de la chaux ou d'autres matières analogues. On peut néanmoins essayer de les enlever en frottant légèrement avec un *tampon d'ouate* imbibé d'*huile de lin*.

C'est du reste une excellente habitude à contracter pour un cocher que celle de ne jamais remiser sa voiture sans la laver, quels que soient l'heure et le temps. Surtout, il ne faut pas attendre qu'il pleuve pour le faire, et qu'il en résulte des souillures de boue : la poussière, que le plumeau n'enlève jamais tout à fait, s'incruste toujours dans le vernis, et un lavage à grande eau rend seul aux panneaux leur éclat primitif. On ne doit donc se contenter d'épousseter une voiture qu'à la sortie de la remise, au moment de s'en servir.

Le choix d'un *plumeau* est chose délicate ; ceux en plumes de vautour, à pointes blanches et souples, sont les préférés ; mais, aussitôt que quelques-unes de ces pointes sont brisées, il est bon d'avoir un second plumeau, qu'on conserve pour les panneaux, alors que l'ancien, plus sujet à rayer, s'emploie indifféremment pour les trains et la garniture.

Du lavage. — N'est pas apte qui veut à laver convenablement une voiture ; cette opération nécessite de grands soins et certaines connaissances pratiques.

Il ne faut jamais laver au soleil, non plus que sur un emplacement sablé ou terreux : dans le premier cas, les parties sèchent trop vite ; on n'a pas le temps de les essuyer, ce qui tache ; dans le second, on engendre de la boue dont il devient difficile de débarrasser tout à fait la voiture. C'est pourquoi on dispose ordinairement quelque part, à l'ombre, un endroit dallé, pavé, ou recouvert d'asphalte, qui se trouve non loin de la remise et à proximité d'une prise d'eau.

On doit éviter de laver pendant les gelées. Si cependant cette opération était indispensable, il faudrait la faire à couvert sous une température moins rigoureuse que celle du dehors.

Une chèvre de n'importe quelle forme, un ou deux

seaux, deux éponges et deux peaux de chamois bien souples, sont, avec de l'eau en abondance, nécessaires au lavage.

La voiture, amenée à l'endroit propice, doit être dépourvue d'abord de tous ses accessoires, tels que coussins, tapis, etc.; les tabliers doivent être tendus, les capotages relevés, en un mot, la garniture susceptible d'être mouillée, protégée autant que possible.

Lorsqu'on possède une lance à jet continu, on enlève la boue en projetant de l'eau sur les panneaux jusqu'à ce que cette boue se détache d'elle-même. Il se fait de petites pompes portatives qui s'approprient très bien à cet usage, quand on ne dispose pas d'une installation plus complète. Enfin, à défaut même de cette pompe, on arrose les trains avec un seau, puis on fait couler de l'eau sur la caisse au moyen d'une grosse éponge, qu'on presse de façon que la boue disparaisse *sans frotter,* ce qui est essentiel.

De quelque manière qu'on pratique cette opération, il faut agir avec soin et ménager la garniture intérieure.

La boue enlevée, ou quand la voiture n'est que couverte de poussière, on procède généralement dans l'ordre suivant :

On nettoie le pavillon, l'impériale ou le dessus de capote, qu'on essuie avec une peau de chamois; on continue par les cuirs de garde-crotte et ceux de tabliers, qu'on replie à mesure qu'ils sont essuyés. Les parquets, parcloses de sièges, les cuirs de bas de marches, de capote et d'ailes, viennent ensuite.

On arrive alors à la caisse; il est bon, pour les panneaux, de se servir d'une éponge et d'une peau spéciales, qu'on conserve pour cet usage. Dans aucun cas, il ne faut ménager l'eau, mais sur les panneaux moins que partout ailleurs, et il est surtout essentiel d'en essuyer exactement toutes les parties.

On termine par les dessous, les traits et les roues; chaque roue doit être soulevée au moyen d'une chèvre, et lavée à grande eau; on ne la quitte que lorsqu'elle est complètement sèche.

Le *passe-partout* doit être prohibé de la remise; c'est un ustensile d'écurie, commode peut-être pour laver les jambes des chevaux, mais qu'il ne faut, sous aucun prétexte, employer pour la voiture; car cette brosse, avec le gravier et la boue, produit sur le vernis l'effet du *papier de verre :* elle le ternit d'abord, puis l'use, et bientôt détériore la peinture, à laquelle son manche cause aussi plus ou moins d'accidents. Le passe-partout n'a ici son utilité dans aucun cas; l'éponge et l'eau en abondance le remplacent efficacement, sans offrir les mêmes inconvénients.

L'opération terminée, on rince les seaux, et on fait dégorger les éponges et les peaux de chamois, qu'il faut cependant éviter de laisser séjourner trop longtemps dans l'eau. On les essore ensuite en les conservant toujours un peu moites, afin qu'elles ne durcissent pas en séchant.

Des cuivres, plaqués et polis. — Les cuivres et plaqués sont les parties les plus minutieuses à nettoyer; nous devrions conseiller d'exclure rigoureusement de leur entretien tout acide, tout mordant.

Dans tous les cas, nous recommandons de n'en tolérer l'emploi, et encore avec beaucoup de précautions, que quand les pièces sont accidentellement vert-de-grisées.

Les eaux de cuivre et les poudres métalliques quelconques brûlent ou rayent les vernis des cuirs et des panneaux, sur lesquels elles débordent toujours un peu, quoi qu'on fasse, et le remède devient bientôt pire que le mal, si leur emploi est fréquent.

Un cocher soigneux et travailleur doit entretenir ses cuivres ou plaqués en les frottant souvent et énergiquement à l'aide d'un chiffon de laine, ou d'une petite peau de chamois dite *peau à argenterie,* et, lorsqu'ils sont tachés, n'employer qu'un corps gras ou une poudre presque impalpable, afin d'éviter de rayer. Il faut alors qu'il lave à l'éponge les parties enduites, avant de les frotter à sec pour les faire reluire. On opère ainsi pour les baguettes, les chapeaux d'essieux, les poignées, etc.

Quant aux lanternes, il est bon de les démonter pour les nettoyer. Pour les plaqués intérieurs et ceux des réflecteurs, on y étend du *blanc de Paris* détrempé dans un peu d'*esprit-de-vin,* qu'on frotte avec un chiffon doux, lorsqu'il a séché, afin d'obtenir le brillant. On époussette ensuite au moyen d'un blaireau ou d'une brosse spéciale. Le blanc de Paris à l'esprit-de-vin peut encore s'employer pour tous les plaqués argent.

Les aciers polis peuvent être entretenus un peu gras, et au besoin ils doivent être passés à la gourmette ou au polissoir monté sur buffle. Il y en a, du reste, assez peu dans la voiture; nous y reviendrons à l'article *Harnais.*

Des cuirs. — Les capotes, tabliers, garde-crottes, ailes, etc., sont généralement en cuir verni; certaines voitures, cependant, ont des capotes et des tabliers en cuir gras.

Ce cuir gras doit être seulement lavé, pendant qu'il est encore pour ainsi dire neuf; mais, lorsqu'il a tendance à durcir, on l'assouplit au moyen d'une légère couche d'*huile de pied de bœuf* pure, ou mélangée avec un peu de cirage à harnais, lorsque le cuir commence à rougir. Il faut avoir soin, après que l'huile a eu le temps d'y pénétrer, de frotter ou brosser énergiquement les parties grasses, afin que leur contact ne tache pas.

Le cuir verni demande moins d'entretien; un lavage ordinaire, bien essuyé, est suffisant; cependant, si ce cuir venait par une cause quelconque à s'engraisser, on pourrait employer un peu de *savon très doux,* mais toujours avec de l'*eau froide;* s'il était taché, on opérerait, comme pour le vernis de la caisse, avec un peu d'*huile de lin* et d'*ouate*.

La durée des cuirs gras ou vernis dépend surtout des précautions prises au remisage; que la voiture soit ou non recouverte d'une chemise, il est nécessaire de détacher et tendre les tabliers; une capote ne doit jamais non plus rester abaissée, car les cuirs pliés se froissent, cassent ou se collent sous l'influence de la température. Rien n'est mauvais surtout comme de laisser un cuir en contact avec un panneau : ils se collent infailliblement, et il faut alors changer l'un, et revernir, sinon repeindre, l'autre.

Nous conseillons encore, quand une voiture doit rester longtemps à la remise, de détendre un peu les compas, tout en conservant le capotage relevé; de cette manière, les cuirs n'éprouvent ensuite aucune difficulté à se replier.

De la garniture. — Pour conserver une garniture fraîche, il faut prendre autant de précautions contre la poussière que contre l'humidité. Les draps et les étoffes doivent être brossés avec soin et époussetés, les tapis secoués, les coussins et les matelas battus.

La garniture en maroquin se nettoie avec une peau de chamois moite et un chiffon doux.

Les chats, souvent nécessaires dans les remises, ont l'inconvénient de se coucher sur les coussins et d'y élire domicile. Aussi doit-on tenir les châssis fermés, surtout pendant la nuit, et disposer les chemises de façon que ces animaux ne puissent pénétrer sur les sièges. Pour les voitures à capote, on fait souvent usage, en plus de la chemise, d'une toile tendue au-dessus du tablier, dans l'ouverture de cette capote. On nomme cette toile un *garde-chat*.

Il ne faut pas négliger d'aérer souvent les voitures ainsi fermées, car on aurait à craindre la moisissure, surtout pour les parties qui sont collées à la pâte, telles que les galons larges, les draps de châssis, les stores, etc.

Les mites sont le fléau des étoffes de laine; pour les prévenir et même pour les détruire, il suffit de faire éva-

porer dans l'intérieur de la voiture, qu'on a soin de clore hermétiquement, une dissolution de camphre dans de l'essence de térébenthine répandue sur une soucoupe. On fait encore usage de gros poivre, d'acide phénique, ou, mieux encore, de naphtaline.

Du graissage. — Il faut visiter souvent les *essieux patents,* qui sont aujourd'hui presque exclusivement employés pour les voitures de luxe, et les graisser aussitôt que l'on s'aperçoit que l'huile manque dans les *chapeaux*.

L'*huile de pied de bœuf* est réputée la meilleure pour cet entretien : néanmoins, on peut, à son défaut, se servir d'huile de pied de mouton et même d'huile d'olive; mais on doit rejeter avec soin les huiles siccatives, telles que celles de lin, qui gomment sur les fusées et peuvent amener l'*enrayage* des roues, inconvénient grave qui force toujours à avoir recours au carrossier.

Le manque d'huile, ou un graissage défectueux, n'ayant pas été fait avec toute la propreté et le soin nécessaires, peuvent aussi avoir l'enrayage pour résultat. En somme, l'entretien des essieux patents étant un travail minutieux, voici, selon nous, le meilleur moyen de procéder lorsque les roues peuvent s'enlever aisément.

Il est indispensable d'être muni : 1° d'une planchette d'environ 0m,50 sur 0m,20 de large, unie et propre, afin d'y déposer les différentes pièces qui non seulement pourraient quelquefois tacher le sol, mais encore y ramasseraient des graviers, ce qu'on ne saurait trop éviter; 2° d'une tige de gros fil de fer formant crochet par un bout pour nettoyer les rainures, et appointie de l'autre pour enlever les goupilles; 3° d'un paquet de chanvre, de filasse ou de vieux chiffons; 4° enfin d'un bidon rempli d'huile et dont le bouchon doit être garni d'une plume destinée à graisser les fusées. Une clef double, servant à démonter les chapeaux et les écrous, accompagne, en outre, chaque voiture, et il faut la conserver dans le coffre, en cas d'accident pendant la route.

L'opération se fait en prenant les roues les unes après les autres; et, à cet effet, on les suspend successivement au moyen d'une chèvre qu'on établit sous la voiture avec toute la solidité possible.

A l'aide de la clef et du crochet, on enlève d'abord le chapeau, puis la *goupille* et les *deux écrous,* qu'on range à mesure sur la planchette; on retire alors la roue, qu'on appuie quelque part, le long d'un mur, par exemple, et on détache avec le doigt la *bague* placée dans le devant de la boîte et la *rondelle de cuir* restée dans la culasse ou sur la fusée de l'essieu.

On nettoie ensuite chaque pièce, le chapeau, la goupille, les écrous, la bague et la rondelle de cuir, en les essuyant avec de la filasse ou de vieux chiffons ; on procède de même pour la *fusée* et la *rondelle de l'essieu*, en se servant du crochet pour les rainures, et l'on termine par la *boîte,* qui, par rapport à ses réservoirs intérieurs, exige beaucoup d'attention.

Dans le cas où l'huile aurait gommé et deviendrait difficile à enlever, un morceau de linge enduit d'essence minérale ou de térébenthine facilitera beaucoup le travail.

Les diverses parties de l'essieu et de la roue étant ainsi nettoyées, on peut les graisser en les remontant. On place d'abord la rondelle de cuir, préalablement enduite de suif, sur la fusée contre la rondelle d'essieu ; puis on étend tout autour de cette fusée, et au moyen de la plume attenante au bouchon du bidon, une couche d'huile juste assez mince pour qu'elle ne coule pas ; ceci fait, on met la roue en place en lui imprimant un mouvement de rotation à droite et à gauche, afin de mettre toutes les parties de la boîte en contact avec l'huile. On place alors la bague, contre laquelle on serre le premier écrou jusqu'à ce que la roue ne puisse tourner qu'avec difficulté, et, dans cet état, on lui fait faire cinq ou six tours, et même davantage, pour rendre la bague et la rondelle bien à leur place et broyer cette rondelle si elle est neuve. On desserre ensuite de façon que la roue tourne, cette fois librement, mais *sans aucun jeu de bout,* lequel pourrait occasionner la fuite de l'huile. On serre enfin le petit écrou contre le précédent, qu'il est destiné à maintenir en place, en remarquant qu'il se visse en sens inverse.

Les *filets* des écrous, comme ceux des chapeaux, sont facilement forcés, lorsqu'on n'a pas la précaution de les faire prendre avec la main sur les pas de vis, avant de se servir de la clef ; aussi recommandons-nous la plus grande attention en remontant les patentes, et doit-on, en cas d'avarie, les faire réparer sans retard.

Les écrous à leurs places, on passe la goupille et on écarte un peu ses extrémités inférieures pour l'empêcher de ressortir.

Après avoir mis de l'huile dans le chapeau jusqu'à environ le *quart* de sa capacité, et s'être assuré qu'il est bien muni d'une *rondelle de cuir mince,* contre laquelle il doit serrer sur le devant de la boîte, on le visse adroitement en prenant garde de renverser, ce qui se fait sans difficulté si on le présente bien dans l'axe de l'essieu, si les filets de son taraudage sont intacts.

Il ne faut jamais graisser dans l'intérieur de la boîte, le contenu du chapeau étant suffisant pour alimenter la fusée pendant deux mois et plus d'un service ordinaire. Lorsqu'elle est trop abondante, l'huile, après avoir rempli les réservoirs, coule au dehors ; cet inconvénient se produit aussi lorsque la rondelle de cuir est usée, ou quand la voiture reste longtemps au soleil ; il est impossible, dans ce cas, d'empêcher la patente de couler, si bien ajustée qu'elle soit. Quand ces faits se produisent, on doit graisser à nouveau, aussitôt rentré, dans la crainte d'enrayer faute d'huile.

Les rondelles de cuir et celles des chapeaux s'usent assez vite ; il est bon d'en avoir toujours quelques-unes en réserve, ajustées pour chaque fusée. Nous recommandons bien de ne jamais renouveler le contenu des chapeaux sans faire un nettoyage complet, et, afin de ne pas laisser à l'essieu le temps de s'encrasser, nous conseillons de graisser tous les deux mois environ, et surtout de ne jamais employer d'huile ayant déjà servi.

Il est essentiel de ne pas atteler une voiture qui est restée quelque temps sans rouler, avant que les patentes aient été visitées. Il est également indispensable, quand une voiture a été expédiée par chemin de fer, de s'assurer que les roues ne sont pas enrayées, ce qui est quelquefois causé par la trépidation du wagon, qui fait que l'huile se réfugie peu à peu dans les chapeaux et les réservoirs et que les fusées se dessèchent. La plupart du temps il suffit, pour rétablir la circulation de l'huile, de soulever successivement chaque bout d'essieu et d'imprimer aux roues avec la main un mouvement de rotation à droite et à gauche, d'abord lent, puis de plus en plus rapide. Autant que possible il faut prendre cette précaution avant même que la voiture ait été sortie du wagon, ou tout au moins dès qu'elle est déchargée.

Les *essieux à graisse* demandent beaucoup moins de soins que les précédents, mais ils nécessitent des graissages bien plus fréquents. Pour les faire, on démonte l'écrou à l'aide d'une clef, et l'on sort la roue; puis, au moyen d'une spatule quelconque, on étend un peu de *graisse spéciale* sur la fusée, la rondelle d'essieu et le dedans de l'écrou, après quoi l'on remonte en serrant à fond.

La graisse, sous peine d'une grande augmentation de tirage, ne doit jamais sécher sur l'essieu ; et si cela arrivait, il faudrait la gratter soigneusement et en employer de meilleure.

Lorsque l'*avant-train* d'une voiture à quatre roues crie ou tourne avec difficulté, on doit démonter l'écrou de la *cheville ouvrière* et lever de quelques centimètres le dessus de la voiture au moyen d'un cric ou autrement ; on *savonne* alors *à sec* le rond et ses jantes, et on répand, au moyen d'une plume, 7 ou 8 gouttes d'huile sur la cheville et le savon, ce qui facilite le mouvement de rotation.

Pour cette opération, quelques personnes se servent de graisse ; nous préférons le savon et un peu d'huile, qui produisent le même effet et sont beaucoup plus propres, ne débordant jamais.

Une des causes de la difficulté qu'éprouve un avant-train dans sa manœuvre est souvent l'usure des jantes de rond. C'est sur ces jantes, et non sur les ferrures de la sellette, que doit porter le rond en fer ou plate-forme horizontale qui est la partie fixe de l'avant-train. On comprendra facilement que si, par voie d'usure, le dessus des jantes n'est plus dans le même plan perpendiculaire à la cheville ouvrière, cette cheville forcera dans sa douille, et l'on aura de la difficulté à tourner. Aussitôt que l'on s'aperçoit de cet état de choses, il faut mener la voiture chez le carrossier, qui y remédiera soit en recalant, soit en changeant les jantes.

L'avant-train remis en place, il faut avoir soin de revisser l'écrou de la cheville ouvrière, sans le serrer par trop, et ne pas oublier la *goupille* ou la *clavette* servant à la maintenir.

Des petites réparations. — Outre les articles nécessaires à l'entretien et au graissage d'une voiture, un cocher doit être muni d'une bouteille de vernis noir, d'un pinceau et d'une brosse.

Lorsque les palettes, marchepieds, bords de cercles, paumelles de volée, gueules de loup, etc., sont défraîchis par le frottement et l'usure, il est facile de leur rendre leur aspect primitif avec ce vernis, qu'il faut étendre presque à sec, c'est-à-dire aussi mince que possible. Cette opération, qui prévient la rouille, contribue à conserver cette apparence fraîche et brillante qui distingue entre toutes la voiture de grande maison.

En général, les petites réparations doivent être faites de suite, et il est bon de veiller principalement à la sécurité des boulons, à la solidité d'assemblage des rais, à la facilité de la manœuvre dans les capotages, etc.; et, quand on remarque une irrégularité quelconque, il ne faut pas attendre qu'il s'en présente d'autres pour y remédier, mais avoir immédiatement recours au carrossier, si cela est nécessaire.

Une voiture qui roule alors que toutes ses parties ne sont pas dans leur état normal, se détériore de jour en jour, et une réparation générale devient bientôt indispensable qui aurait pu être prévenue par quelques petites réparations faites sur-le-champ. Un proverbe anglais dit, avec raison : « *A stitch in time save nine!* » Un point fait à temps en épargne neuf!

Voici, pour égayer ce chapitre peu intéressant, d'après E. Court, cocher, auteur du *Nouveau Manuel du cocher,* les « Commandements du cocher ».

1 A cinq heures tu te lèveras,
Sans murmurer nullement.

2 Point de vin blanc ne boiras,
Ni autres drogues mêmement.

3 A l'écurie tu rentreras
Soigner tes chevaux proprement.

4 La cour et les cuivres nettoieras
Ensuite très proprement.

5 Après ce travail, tu laveras
Ta voiture soigneusement.

6 Sans perdre de temps, tu feras
Tes harnais parfaitement.

7 Puis, à grande eau, tu laveras
Et t'habilleras lestement.

8 A midi, tu donneras
L'avoine très exactement.

9 Après, aux ordres tu iras
Les demander poliment.

10 L'après-midi attelleras
Et conduiras sagement.

11 Tes repas point n'oublieras
Mais en buvant sobrement.

12 De bonne heure te coucheras
Pour dormir paisiblement.

RECETTES DIVERSES

Composition pour nettoyer les cuivres :

Savon noir.....................	60	grammes.
Eau pure.......................	500	—
Terre pourrie broyée très fin.......	100	—
Alcool.........................	60	—
Essence de thérébenthine.........	200	—

Pour remettre en état un cuir brûlé (vieux bridon, licol, bride, etc.), enduisez-le d'huile de pied de bœuf, ou mieux d'huile de foie de morue plus ou moins rectifiée, suivant la destination de l'objet. Cette huile, du reste, est le corps gras employé par les tanneurs pour assouplir et conserver les peaux. De plus, les souris et autres rongeurs n'attaqueront jamais un objet graissé de cette manière. Cette raison seule devrait en faire préconiser l'adoption.

Pour remettre en état un vieux harnais. — Lavez-le à l'eau seconde (un kilo et demi de potasse, un demi-kilo de cendre gravelée dans six litres d'eau). Frottez vigoureusement avec un bouchon. Rincez à grande eau. Faites sécher, noircissez à l'encre. Oignez abondamment avec de l'huile de foie de morue. Laissez sécher quelques jours. Cirez.

Mélange imperméabilisant les toiles (bâches, guêtres en toile, etc.) :

Eau distillée....................	1 litre.
Colle de poisson de Russie.........	15 grammes.
Alun, dans un litre d'eau bouillante.	30 —
Savon blanc, dans un demi-litre d'eau.......................	30 —

Filtrez séparément, mêlez et faites bouillir une minute. Brossez l'envers de l'étoffe ; laissez sécher, brossez et lavez.

Noir pour noircir les vieux harnais lavés et huilés. — Mettez dans un chaudron d'une capacité de 10 litres : 500 grammes d'extrait de campêche, 40 grammes de chromate rouge ; faites bouillir ; retirez du feu ; ajoutez de l'eau : la composition sera très noire.

Cirage en pâte. — On fait fondre dans un litre et demi d'eau chaude 45 grammes de gomme arabique et 1 kilogramme de sucre candi. On ajoute peu à peu 1 kil. 500 de noir d'ivoire, puis 15 grammes d'indigo et 20 grammes d'acide sulfurique. On broie le tout comme une couleur et l'on met le cirage dans les boîtes lorsqu'on juge qu'il est assez sec. Pour s'en servir, on le délaye avec un peu d'eau, de bière ou de vinaigre. (*Dictionnaire de la vie pratique*, de BELÈZE.)

Cirage imperméable. — Faire fondre ensemble :

Suif	120	grammes.
Graisse de porc	60	—
Térébenthine	30	—
Cire jaune	30	—
Huile d'olive	30	—

Quand le mélange est froid, en frotter les chaussures ou les harnais. Laisser sécher les pièces à l'ombre pendant quelques heures. *(Dictionnaire de la vie pratique.)*

Cirage imperméable, en pâte, pour harnais :

Essence de térébenthine	450	grammes.
Noir animal	25	—
Cire	45	—
Bleu de Prusse	5	—
Indigo	2 gr. 5.	

Faire fondre la cire dans l'essence à une chaleur douce (prendre des précautions contre l'inflammabilité), ajouter les autres matières en remuant constamment pour que le mélange soit parfait. (E. COURT.)

Cirage en pain à harnais (*Compost*) :

Cire jaune	200	grammes.
Noir animal	75	—
Colophane	50	—
Essence de térébenthine	50	—

On fait fondre la cire et la colophane sur le feu ; quand le mélange est devenu bien liquide, on y incorpore le noir animal.

On retire du feu et on y verse l'essence en évitant qu'elle s'enflamme. On remet sur le feu en remuant le mélange. On retire du feu pour verser le cirage dans un ou plusieurs moules, qu'on aura graissés préalablement. (E. COURT, cocher.)

Autre cirage pour harnais (recette du *Moniteur de la sellerie*). — 1° Faire le noir. A cet effet, mélanger dans 5 litres d'eau 250 grammes d'extrait de camphre, 250 grammes de couperose verte, 100 grammes de chro-

mate rouge. Faire bouillir sur un feu doux et bien remuer avec une spatule en bois.

2° Faire le cirage. Prendre 200 grammes de cire jaune raclée menu, 20 grammes de sel de tartre, 25 grammes de noir d'ivoire fin, 20 grammes de bleu de Prusse en poudre impalpable. Dissoudre le tout dans un litre et demi d'eau, sur feu doux, en remuant avec une spatule. Relever le mélange au feu et le remuer encore jusqu'à complet refroidissement.

Après vingt-quatre heures de repos, mélangez et battez : vous obtiendrez un cirage dont le prix de revient ne dépassera pas 0 fr. 40 le litre.

Encaustique pour cuirs jaunes. — Deux litres d'eau,

300 grammes cire jaune, 200 grammes rocou, gros comme une noix de potasse ; faites bouillir le tout en remuant avec

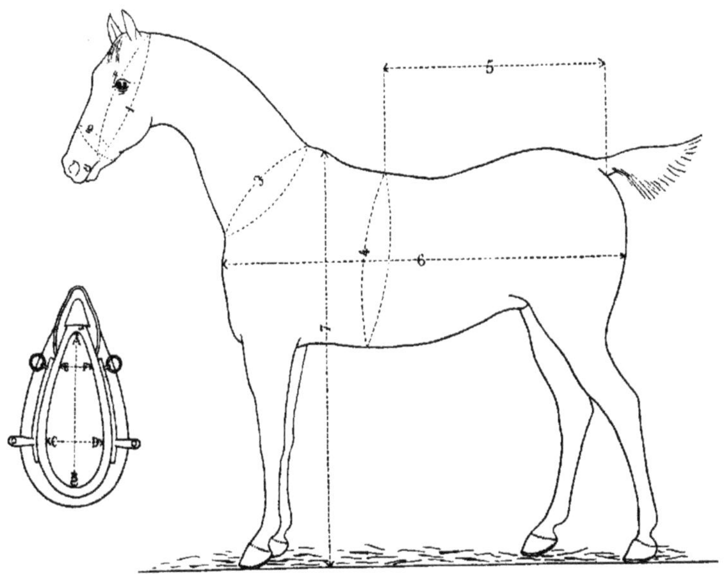

MESURES A PRENDRE POUR COMMANDER UN HARNAIS.

A-B Longueur intérieure du collier.
C-D Largeur intérieure des verges du collier à hauteur des tirages d'attelles.
E-F Largeur intérieure des verges du collier à hauteur des passes de guides.

1 Tour de tête pris des coins de la bouche de chaque côté.
2 Tour du nez à l'endroit de la muserolle.
3 Tour du cheval à l'endroit où pose le collier.
4 Tour du cheval à l'endroit où se pose la sellette ou mantelet.
5 Longueur de la croupière.
6 Longueur du cheval.
7 Hauteur du cheval, du sol au garrot.
8 Largeur de la bouche du cheval.
Dire si le cheval a le garrot et l'épine dorsale ronds ou saillants.

une spatule en bois. — Cette composition s'emploie tiède. On l'étend avec une brosse. Laissez sécher dix minutes, puis polissez avec une brosse à reluire. Cet encaustique est presque imperméable et ne brûle pas le cuir.

Recette pour maintenir les cuirs blancs en état. — Prenez du blanc d'Espagne bien broyé, dissous dans de l'eau chaude. Imprégnez le cuir à nettoyer avec une petite éponge, séchez immédiatement en frottant avec une peau de chamois. Vous obtiendrez un beau brillant.

Nettoyage des gants jaunes. — Mettez-les à vos mains et savonnez-les soigneusement au savon noir et rincez-les. Ensuite versez dans un demi-bol d'eau claire quelques gouttes d'esprit de sel (acide muriatique). Rincez vos gants dans cette eau et mettez-les sécher à l'ombre. Vous serez étonné du résultat. (E. COURT, cocher.)

Poudre pour les plaqués :

Alun pulvérisé	100	grammes.
Sel d'oseille pulvérisé	100	—
Crème de tartre pulvérisée	100	—

Bien mélanger ces trois substances et, au moment de s'en servir, imbiber d'alcool. (E. COURT, cocher.)

Eau de cuivre. (Voir *Cheval, soins pratiques.*)

Autre recette. — Pour un litre d'eau de cuivre, prenez : acide de sucre, 50 ou 60 grammes ; tripoli fin, pour 0 fr. 10 ; battre ensemble un jaune d'œuf et une cuillerée d'huile qu'on verse dans le litre d'eau où on aura versé l'acide et le tripoli. Préparé de cette manière, un litre d'excellente eau de cuivre ne revient qu'au prix de 0 fr. 60 ou 0 fr. 65. (E. COURT, cocher.)

Eau à détacher les voitures. — Mélangez par parties égales du pétrole ou de l'essence de térébenthine avec de l'huile ; on met de ce liquide sur un tampon de flanelle au moment de l'employer. (E. COURT, cocher.)

Eau pour nettoyer les cuivres dorés. — Mélanger ensemble 125 grammes d'eau, 50 grammes d'alcool, 7 grammes de carbonate de soude et 15 grammes de blanc d'Espagne. Appliquer avec un tampon et frotter, lorsque la couche est sèche, avec une brosse très douce.

Nettoyage des garnitures en ivoire. — Les frotter avec une petite éponge d'un délayage de blanc d'Espagne très fort, dissous dans de l'eau chaude ; frotter ensuite avec une peau de chamois.

Lorsque la pièce en ivoire est très sale, on peut la frotter avec de la pierre ponce, pilée très fin.

Nettoyage des vitres. — Faire une bouillie claire avec de l'eau et du blanc de Meudon. L'étendre sur la vitre et, avant que la couche soit sèche, frotter vivement avec un tampon de linge. Passer ensuite la vitre à la peau.

Nettoyage des aciers. — Les différentes recettes et la manière de les employer se trouvent dans *Le cheval, soins pratiques,* du même auteur.

CHAPITRE XI

Transports en chemin de fer. — Transport des voitures démontées. — Douanes. — Taxe des voitures publiques. — Taxe des voitures particulières suspendues. — Responsabilités. — Assurance contre les accidents.

VOITURES, ANIMAUX. — PRIX DE TRANSPORT ET CONDITIONS D'APPLICATION.

I. — VOITURES.

ART. 29. — Les prix à percevoir pour le transport des voitures à la vitesse des trains de voyageurs sont ainsi fixés :

Voitures à deux ou quatre roues, à un fond et à une seule banquette, 0 fr. 40 par voiture et par kilomètre.

Voitures à quatre roues, à deux fonds et à deux banquettes dans l'intérieur (omnibus, diligences, etc.), o fr. 50 par voiture et par kilomètre. (Voir barèmes déposés dans les gares, p. 506 pour le réseau de l'État et p. 14 pour les autres réseaux.)

Deux personnes peuvent, sans supplément de prix, voyager dans les voitures à une banquette, et trois dans les voitures à deux banquettes (omnibus, diligences, etc.); les voyageurs excédant ce nombre payent le prix des places de deuxième classe.

ART. 30. — Le transport des voitures dont les dimensions dépassent le gabarit n'est pas accepté.

II. — ANIMAUX.

ART. 32. — Les prix à percevoir pour le transport des animaux à la vitesse des trains de voyageurs sont ainsi fixés :

Chevaux, mulets, ânes, poulains, bêtes de trait, bœufs, o fr. 16 par tête et par kilomètre. (Voir barèmes, p. 506 pour le réseau de l'État et p. 14 pour les autres réseaux.)

Les personnes qui accompagnent des animaux montent dans les voitures des compagnies et payent les places qu'elles occupent.

ART. 33. — Les chevaux des militaires voyageant au quart du tarif du cahier des charges sont taxés à raison de o fr. 05 par tête et par kilomètre. (Voir barèmes, p. 506 pour le réseau de l'État et p. 14 pour les autres réseaux.)

ART. 34. — (Article premier, paragraphe 3 de l'arrêté ministériel du 26 avril 1892.) — Les animaux dont la *valeur déclarée* excéderait cinq mille francs, sont taxés *moitié en sus* du prix fixé par le tarif général pour les animaux de la même espèce.

En cas d'accident survenu en cours de transport, la

responsabilité des Compagnies *reste limitée à cinq mille* francs par tête, si la note de remise ne mentionne pas une valeur supérieure.

ART. 36. — Le transport des voitures, chevaux et bestiaux n'est accepté qu'aux stations et pour les stations pourvues de quais d'embarquement.

Ces stations sont indiquées par des renvois à la nomenclature des stations par ordre alphabétique qui figure dans la partie du recueil réservée à chacune des Compagnies.

FRAIS ACCESSOIRES.

ART. 37. — (Art. 7 de l'arrêté ministériel du 26 avril 1892.) — *Enregistrement.* — Il est perçu pour l'enregistrement des voitures et des animaux :

Un droit fixe de 0 fr. 10 par expédition.

Pour les expéditions empruntant plusieurs lignes concédées à des Compagnies différentes, ce droit sera perçu seulement à la gare expéditrice.

ART. 38. — (Art. 8 de l'arrêté ministériel du 26 avril 1892.) — *Manutention.* — Il est perçu pour la manutention, chargement et déchargement des voitures et des animaux, les droits ci-après :

Voitures. . . . . 2 francs par pièce.

Bœufs, chevaux, mulets, ânes, poulains, bêtes de trait. 1 franc par tête.

ART. 38 *bis.* — (Arrêtés ministériels du 30 avril 1883 et du 26 avril 1892.) — *Désinfection des wagons.* — Il est perçu, à titre de frais de désinfection, les taxes ci-après :

0 fr. 40 par cheval, poulain, âne, mulet.

0 fr. 30 par bœuf.

Toutefois, pour les transports d'un même expéditeur, la taxe ne peut dépasser deux francs par wagon à un seul plancher et trois francs par wagon à deux planchers.

La taxe de deux francs par wagon à un seul plancher et de trois francs par wagon à deux planchers est perçue, quel que soit le nombre des animaux occupant le wagon, lorsque, sur la demande de l'expéditeur, les animaux s'y trouvent placés en complète liberté.

Les taxes ci-dessus déterminées sont exigibles, quelle que soit l'étendue du parcours effectué pour le transport des animaux; elles sont portées au compte de la Compagnie à qui appartient la gare destinataire.

Quel que soit le nombre des Compagnies qui concourent au transport, la taxe n'est perçue qu'une seule fois, à moins qu'il n'y ait transbordement; le transbordement ne peut être imposé aux expéditeurs qu'aux gares frontières et aux gares de jonction avec un chemin de fer d'intérêt local.

ART. 39. — (Art. 9 de l'arrêté ministériel du 26 avril 1892.) — *Magasinage.* — Il est perçu pour le stationnement des voitures qui ne sont pas enlevées, pour quelque cause que ce soit, dans les quarante-huit heures de la mise à la poste de la lettre d'avis adressée par les Compagnies au destinataire :

Un droit d'un franc par voiture et par vingt-quatre heures.

Les animaux dont il n'est pas pris livraison à l'arrivée sont mis en fourrière, aux frais, risques et périls de qui de droit.

Les frais de fourrière sont acquittés sur justification des dépenses.

DISPOSITIONS GÉNÉRALES.

ART. 41. — *Distances.* — Tout kilomètre entamé est payé comme s'il avait été parcouru en entier.

Pour toute distance inférieure à six kilomètres, la perception est faite comme pour six kilomètres entiers. (La Compagnie du Nord fait exception *pour les voyageurs* en faveur desquels le minimum de perception est abaissé *à trois kilomètres.*)

ART. 43. — *Calcul des taxes.* — Les prix des barèmes sont établis en arrondissant les chiffres aux cinq centimes supérieurs, lorsque la fraction atteint deux centimes cinq millimes, et aux cinq centimes inférieurs, lorsqu'elle n'atteint pas deux centimes cinq millimes.

Il en est de même pour la taxation totale d'une expédition de même catégorie.

ART. 46. — *Conditionnement des marchandises.* — Les Compagnies n'acceptent pas les transports de marchandises dont les dimensions excèdent celles du matériel.

ART. 47. — *Déclarations.* — Toute expédition doit être accompagnée d'une déclaration, datée et signée, indiquant :

1° Le nom et l'adresse de l'expéditeur;

2° Le nom et l'adresse du destinataire;

3° Le nombre et la nature de la voiture ou de l'animal à expédier, marques, adresses, etc.;

4° La mention *en gare;*

5° La mention *en port dû* ou *en port payé;*

6° La somme (en toutes lettres) à faire suivre, soit comme déboursé, soit comme remboursement, et le tarif à appliquer au retour des fonds;

7° La mention que les frais du retour des remboursements sont à la charge, soit de l'expéditeur, soit du destinataire.

S'il s'agit de voitures ou animaux soumis à la douane, l'expéditeur fournira aux Compagnies telles pièces et tels renseignements que de besoin, afin que le transport et la transmission de ces colis ne puissent subir aucun retard ou empêchement.

ART. 49. — *Payements.* — Les expéditions sont effectuées, à la volonté de l'expéditeur, en port dû ou en port payé.

ART. 50. — *Déboursés.* — L'avance, au départ, des frais ou déboursés dont une expédition peut être grevée n'est obligatoire que, de Compagnie à Compagnie, au transit d'une ligne de fer sur une autre.

ART. 51. — *Remboursement.* — Les sommes qui suivent les expéditions de voitures et d'animaux à titre de remboursement sont soumises, *au retour,* à la taxe portée au tarif général et aux tarifs spéciaux de la grande vitesse pour le transport des finances. (Voir tarif G. V., n° 15 de chaque Compagnie.)

ART. 52. (Art. 15 de l'arrêté ministériel du 12 juin 1866.) — *Lettre de voiture et récépissé.* — Toute expédition sera constatée, si l'expéditeur le demande, par une lettre de voiture au timbre de 0 fr. 70, dont un exemplaire restera aux mains des Compagnies et l'autre aux mains de l'expéditeur.

Dans le cas où l'expéditeur ne demanderait pas de lettre de voiture, les Compagnies seront tenues de lui délivrer un récépissé au timbre de 0 fr 35, qui énoncera la nature de l'expédition, le prix total du transport et le *délai* dans lequel ce transport devra être effectué.

ART. 53. — *Délais de transport.* — Les animaux et voitures à grande vitesse sont expédiés, transportés et livrés, de gare en gare, dans les délais fixés par les arrêtés ministériels et qui résulteront des décisions ministérielles approbatives du service des trains.

Arrêtés ministériels des 12 juin 1866 et 7 août 1895.

« ART. 2. (Modifié et complété par l'article 1er de l'arrêté ministériel du 6 décembre 1878.) — Les animaux et voitures à grande vitesse seront expédiés par premier train de voyageurs comprenant des voitures de toutes classes et correspondant avec leur destination, pourvu qu'ils aient été présentés à l'enregistrement trois heures au moins avant l'heure réglementaire du départ de ce train : faute de quoi ils seront remis au départ suivant.

« Toutefois, cette prescription n'est pas obligatoire pour les trains express et les trains-poste dans lesquels les Compagnies admettent exceptionnellement des voitures de 2e et 3e classe et qui auront été nommément désignés, tant sur les livrets soumis, lors des changements de service, à l'approbation ministérielle que sur les affiches portant la marche des trains à la connaissance du public.

. . . .

« ART. 3. (Modifié par l'article 1er de l'arrêté ministériel du 3 novembre 1879.) — Pour les animaux et voitures passant d'un réseau sur un autre par une gare commune, le *délai de transmission* sera de *trois heures* à compter de l'arrivée du train qui les aura apportés au point de jonction, et l'expédition, à partir de ce point, aura lieu par premier train de voyageurs comprenant des voitures de toutes classes dont le départ suivra l'expiration de ce délai.

« Le délai de transmission entre les réseaux aboutissant à une même localité, dans deux gares distinctes en communication par rails, sera de *six heures*, non compris le temps pendant lequel les gares sont fermées, conformément aux deuxième et troisième paragraphes de l'article 5 ci-après, et il sera de la même durée entre les diverses gares de Paris formant tête de ligne, jusqu'à ce que le service de la grande vitesse entre lesdites gares ait été organisé sur le chemin de fer de Ceinture, le surplus des conditions énoncées au paragraphe 1er du présent article restant applicable dans ces deux derniers cas.

« Un délai plus long pourra être accordé par le ministre des travaux publics pour les diverses gares de chaque réseau, sur la proposition des inspecteurs généraux du contrôle, les Compagnies entendues, sans toutefois pouvoir dépasser le maximum de *huit heures*.

« ART. 4. — Les expéditions seront mises à la disposition des destinataires, à la gare, *deux heures* après l'arrivée du train mentionné aux articles 2 et 3.

« ART. 5. — Les expéditions arrivant de nuit ne seront mises à la disposition des destinataires que *deux heures après l'ouverture* de la gare. (Complété par l'article 1er des arrêtés ministériels des 9 mai 1874, 28 mai 1877, 14 février 1881, 28 février 1882.)

« Du 1er avril au 30 septembre, les gares seront ouvertes, pour la réception et la livraison des marchandises à grande vitesse, à six heures du matin au plus tard, et fermées, au plus tôt, à huit heures du soir. (Arrêtés ministériels des 9 octobre 1889 et 13 janvier 1890.)

« Du 1er octobre au 31 mars, elles seront ouvertes à sept heures du matin, au plus tard, et fermées à huit heures du soir, au plus tôt.

« ART. 14. — Aux délais fixés ci-dessus seront ajoutés les délais nécessaires pour l'accomplissement des formalités de douane. »

ART. 54. — Les expéditeurs de voitures et d'animaux sont tenus de prévenir le chef de la gare ou station de départ, vingt-quatre heures au moins à l'avance, en lui faisant connaître le nombre et la nature des voitures ou des animaux qu'ils ont à faire transporter.

ART. 55. — *Avis de livraison.* — L'expéditeur d'un envoi à destination de l'un des sept grands réseaux français et des chemins de fer de ceinture de Paris peut obtenir, par carte postale, avis de la livraison de cet envoi en payant à la gare de départ une taxe spéciale de 0 fr 25. La demande d'avis de livraison doit être inscrite sur la déclaration d'expédition.

TRANSPORT EN CHEMIN DE FER DES VOITURES DÉMONTÉES.

On peut faire voyager les voitures démontées : les roues d'un côté, la caisse et les brancards de l'autre. Dans ce cas, le tarif appliqué est celui du poids, pour les Compagnies de chemins de fer ayant un tarif commun. Les Compagnies du Nord et de l'Est n'ayant pas ce tarif, les voitures démontées sont transportées sur ces deux réseaux aux conditions ordinaires des voitures roulantes.

Du reste, pour les voitures de maître, je ne vois aucun

avantage à ce démontage, surtout pour un parcours moyen; l'économie réalisée est largement dépassée par les dépenses nécessitées par les frais de démontage, de remontage, et des réparations, raccords, revernissage, occasionnés par ces manipulations successives et les accidents survenus au cours du transport lui-même.

DOUANES

DROITS PERÇUS A L'IMPORTATION DES VOITURES FRANÇAISES.

Allemagne	par voiture	187 fr. 50
Autriche-Hongrie	id	id.
Belgique	*ad valorem*	10 o/o
Espagne	landau, etc.	1,300 francs.
id.	coupé, etc.	975 francs.
id.	voiture à 2 roues	406 francs.
Italie	id	42 francs.
id.	voiture à 4 roues	110 francs.

TARIF D'ENTRÉE EN FRANCE

PAR VOIES NON FERRÉES : VOITURES PESANT :

125 kilos et plus	60 francs
Pesant moins de 125 kilos	150 francs.
Voitures de commerce, d'agriculture, de roulage	15 francs.
Les mêmes non suspendues	8 francs.

IMPÔTS ET TAXES SUR LES VOITURES EN SERVICE PUBLIC.

1° *Voitures en service régulier.* — Sont classées dans cette catégorie les voitures qui font le service d'une même route ou d'une ville à une autre, lorsque la distance qui sépare les deux points extrêmes est supérieure à vingt kilomètres, mesurée à vol d'oiseau.

Tarif. — Dixième du prix des places déclaré, plus deux décimes du dixième. Déduction, pour les places vides, d'un tiers du prix total des places : soit trois vingt-huitièmes ou 10 fr. 72 pour 100 de la recette brute. Plus une licence annuelle de 6 fr. 25 pour les voitures à quatre roues et de 2 fr. 50 pour celles à deux roues.

2° *Voitures en service d'occasion.* — Sont celles partant d'occasion et à volonté. Ne sont pas passibles de la licence.

TARIF :

Voitures à 1 ou 2	places.	50 fr.	par an et par voiture.	Payables mensuellement.
— 3	—	75 fr.	—	
— 4	—	100 fr.	—	
— 5	—	120 fr.		
— 6	—	137 fr. 50	—	
Au delà de 6 jusqu'à 50	—	12 fr. 50	par place et par an.	
— 50 — 150	—	6 fr. 25	—	
Au delà de.. 150	—	3 fr. 125	—	

3° *Voitures en service extraordinaire.* — Celles dont le service n'est ni permanent, ni régulier. En un mot, celles employées momentanément dans les cas imprévus. Payement de la licence annuelle — comme pour les voitures en service régulier — et d'un droit de trois vingt-huitièmes ou 10 fr. 72 pour 100 du prix déclaré pour un voyage qui ne peut excéder la journée.

4° *Voitures en service accidentel.* — Celles que toute personne autre qu'un entrepreneur de voitures voudra mettre accidentellement en circulation à prix d'argent.

Pas de licence à acquitter. Droit fixe de : 0 fr. 1875 par place et par jour.

IMPÔTS ET TAXES SUR LES VOITURES PARTICULIÈRES.

En vertu de la loi du 2 juillet 1862, remise en vigueur en 1873, il est perçu une contribution annuelle par chaque voiture attelée et pour chaque cheval affecté au service personnel du propriétaire ou au service de sa famille. — Cette contribution varie selon l'importance des communes et est établie d'après le tarif suivant :

LOCALITÉS DANS LESQUELLES LE TARIF EST APPLICABLE	SOMME A PAYER PAR CHAQUE		
	VOITURE SUSPENDUE		CHEVAL DE SELLE OU D'ATTELAGE.
	à 4 roues.	à 2 roues.	
Paris	60	40	25
Communes ayant plus de 40,000 âmes	50	25	20
Commmunes de 20,001 à 40,000 âmes	40	20	15
Communes de 10,001 à 20,000 âmes	30	15	12
Communes de 5,001 à 10.000 âmes	25	10	10
Communes de 5,000 âmes et au-dessous	10	5	5

Les voitures et chevaux employés en partie pour le service du propriétaire et de sa famille, et en partie pour le service de l'agriculture ou d'une profession patentée, ne sont passibles que de la demi-taxe. — Ne donnent pas lieu au payement de la taxe : les chevaux et voitures exclusivement employés aux travaux de l'agriculture ou d'une profession patentée; les chevaux et voitures du service militaire et administratif, et ceux des ministres des différents cultes. — Les chevaux et étalons employés à la reproduction.

Dans le cas où, à raison d'une résidence nouvelle, le contribuable devient passible d'une taxe supérieure à celle à laquelle il était assujetti au 1er janvier, il ne doit qu'un droit complémentaire égal au montant de la différence. Si le contribuable a plusieurs résidences, il est imposé pour les chevaux et voitures qui le suivent habituellement dans la commune où il est soumis à la contribution personnelle, mais il paye la taxe de la commune dont la population est la plus forte. Ces taxes sont doublées pour les chevaux et les voitures qui n'ont pas été déclarés ou qui ont été déclarés d'une manière inexacte. (*Dictionnaire de la vie pratique.*)

Les voitures suspendues affectées au service de l'agriculture et d'une profession patentée payent la taxe, mais réduite de moitié.

RESPONSABILITÉ DES PROPRIÉTAIRES ET COCHERS.

Lorsque le propriétaire d'une voiture la conduit lui-même, il répond personnellement et des contraventions aux règlements de police (l'allumage des lanternes est réglé dans chaque département par le préfet), et des accidents causés par la voiture.

Si c'est le cocher qui conduit, — que le maître soit ou non dans la voiture, — il est passible des peines applicables, pour dégradations aux choses, blessures aux personnes, etc. Mais le propriétaire est civilement responsable, c'est-à-dire qu'il paye l'amende applicable. (Code, art. 1344, loi du 30 mai 1851, décret du 10 août 1852.)

ASSURANCES CONTRE LES ACCIDENTS.

De nombreuses compagnies d'assurance fonctionnent dans le but de garantir l'assuré contre tout dommage par suite d'accident. On peut s'assurer, soit contre les accidents causés aux autres par son cocher, ses chevaux, ses voitures, soit contre les accidents causés par la faute des autres à soi-même, à son cocher, ses chevaux, ses voitures. On peut encore assurer ses chevaux contre tout accident à l'écurie, en route ou en chemin de fer.

C'est une précaution très sage à prendre, lorsqu'on possède des chevaux et des voitures de valeur. Généralement, cependant, ce n'est qu'après le coûteux accident qu'on pense, trop tard, à signer une police en règle.

PARIS
TYPOGRAPHIE DE E. PLON, NOURRIT ET Cie
rue Garancière, 8

PARIS

TYPOGRAPHIE DE E. PLON, NOURRIT ET Cie

8, RUE GARANCIÈRE.

www.ingramcontent.com/pod-product-compliance
Ingram Content Group UK Ltd.
Pitfield, Milton Keynes, MK11 3LW, UK
UKHW022058260726
13993UKWH00001B/201